通行靈界的科學家

史威登堡獻給世人最偉大的禮物

史威登堡研究會 著
王中寧 譯

【目錄】

各界讚譽　009
前言：史威登堡留給我們的偉大禮物　017

第一章　天才科學家的神祕體驗
瑞典天才科學家：史威登堡　024
海倫．凱勒從中獲得希望與勇氣　026
史威登堡的戲劇性生涯　030
進入靈界的模擬死亡技術　033
心念一動，馬上就到達想去的地方　036

第二章　讓史威登堡聲名大噪的神奇事件
接受特殊使命離開科學界　040

在瑞典女王面前通靈　041
荷蘭外交官遺孀的珠寶　045
靈視斯德哥爾摩的火災　047
預言自己的死期　049
為什麼相信死後的世界這麼難？　052

第三章　史威登堡筆下的永生
天堂中越活越年輕　060
在天堂遇見佳偶　062
天堂跟永生是存在的　065

第四章　死亡就是搬家去靈界
死亡不代表永遠消滅　070
無比遼闊、永恆不變的世界　074
壽數由天定　075
臨終的瞬間，一切痛苦消失　077

只看在人世愛的成績　080

第五章

天堂與地獄之旅

天使引導的天堂之旅　084
由愛與喜悅構成的世界　087
愛與眞理的王國　093
地獄是憎恨與敵意的地方　097
人的內心就像天堂與地獄　106

第六章

死後最先到達的地方

你會成爲天使嗎？　112
脫去外在的肉體　116
只有在人世才有轉變重生的機會　119
心的狀態也就是靈的狀態　125
只有眞理與愛才能進去　127
接受進入天堂的預備教育　133

第七章　光與熱構成的世界

靈界也有太陽　138
靈界太陽的神祕力量　140
靈界沒有時間與空間的概念　144
天界的生活由愛的成績決定　146
天堂沒有失業者　151

第八章　天堂是實現夢想之地

誰會進天堂？　158
怎麼做才能進天堂？　161
只靠信仰或知識無法進天堂　164
天界中沒有僞善的容身處　166
天堂的愛，動機是最重要的　170

第九章　地獄是自私自利的王國

誰會去地獄？　176
地獄是怎麼產生的？　180
善靈與惡靈搶人的戰爭　182
地獄靈會威脅人界　183

第十章　絕對不可以自殺

自殺是永恆苦痛的開始　188
自殺的後果　190
自殺是最糟的選擇　193
通向天堂之路　196
防禦惡靈的辦法　197

第十一章 幼兒都會進天堂

被培養成天使的孩子 202
上天堂並沒有想像中困難 206
健全的社會生活才是走向天堂的基礎 209

第十二章 將永生當作人生的目標

神爲何賜給人類自由意志？ 214
將人世變爲天堂 216
在自己的內心打造天堂 219
史威登堡的六項勸告 222

後記：走向天堂的捷徑 231

各界讚譽

我以前一直處在絕望中，自認爲早已被神拋棄，根本不知道自己爲什麼要這麼悲慘地活著。我很想詛咒神，但讀了史威登堡的靈界體驗後，我就不再痛苦了。我相信我不會死去，我會待在天堂之中，而且在那裡我不再是殘障者。不只如此，我還能恢復到年輕的狀態，永遠那樣活下去。我了解了還在人世的時候我應該做些什麼：除了盡心、盡性、盡意愛神之外，就是要愛人如己。我讀完他的書之後，對死亡就一點都不害怕了。

——海倫・凱勒（Helen Adams Keller），

美國盲人作家、社會服務者

很難想像人類歷史上會有一個像史威登堡這樣的人物，而未來也很可能不會再有。他謎樣的能力實在讓人震驚。

——康德（Immanuel Kant），德國哲學家

他是具備深厚涵養、堅實理智的巨擘！他擁有天使的氣質，對我而言他是個非常美麗可愛的人！他清楚說出了人類史上任何一本著作沒能提到的眞相。史威登堡，你是歲月越流逝越發出光彩的靈性太陽！

——湯瑪斯．卡萊爾（Thomas Carlyle），英國思想家

史威登堡是個受過天文學訓練、「事事求精確」的知性之人。如果他不是個有學術底子的大科學家，恐怕很難站在批評他的各領域學者、詩人、作家面前而不被擊倒，那麼就算他想說的東西再高尚，也會被批得遍體鱗傷。

——愛默生（Ralph Waldo Emerson），美國思想家、詩人、作家

沒有讀過史威登堡的人，不要談十九世紀神學。

——亨利・畢徹（Henry Ward Beecher），

美國神學家、傳道家

我認眞研究過各種宗教，過去六十年來出版的所有相關著作我都讀過，我問了問自己各個宗教的眞僞，最後還是決定回歸史威登堡。無疑地，史威登堡已經消化了人類各大宗教的重要內容，並且將其整合爲一。

——巴爾札克（Honore de Balzac），

法國大文豪

史威登堡的思想包含了宇宙整體的眞理，回答了我內心最重大的一切疑問。那些疑問曾經帶給我多大的痛苦！沒能獲得內心平安的人啊！爲尋找平安而徘徊的人啊！快將史威登堡的書拿到手上，開始讀它！

——奧古斯特・史特林堡（August Strindberg），

二十世紀偉大劇作家

我的內心比誰都想相信那個超出肉眼可見之外的世界。我傾注一切的詩句與靈魂，想將被勒緊的自我釋放開來。我將帶著滿滿的活力，去體驗史威登堡口中的靈界。

——歌德（Johann Wolfgang von Goethe），德國文學家

史威登堡是北歐的亞里斯多德，是西方的佛陀。我們一定要傾聽他的體悟。

——鈴木大拙，二十世紀日本宗教思想家

我透過臨床實驗得知的東西，史威登堡都已經透過靈眼看到、知道、體會到了。

——威爾森・凡・杜森（Wilson van Dusen），臨床心理學家，現任職哈佛大學精神醫療中心

史威登堡主義在過去扮演了解放者的角色。史威登堡引起的風潮到今天還在不斷擴大著。他的著作大大改變了神學。

——艾德華・海爾（Edward Everett Hale），牧師、作家

史威登堡是偉大的科學家，同時也是偉大的神祕主義者。他的生涯與著述在我心中種下了無限的感動。

——榮格（Carl Gustav Jung），瑞士心理學家

瑞典的偉大先覺者史威登堡將關於天上問題的新知識傳播給我們，稱他為心靈知識之父也不為過。心靈知識的光芒終將開始普照大地。在廣泛照遍世人之前，這光先照亮了站在最高處者之心。這心的高峰就是史威登堡他自己。

——亞瑟・科南・道爾（Arthur Conan Doyle），醫師、《福爾摩斯》作者

在盲目的時代，史威登堡是少數睜開雙眼的人。他睜開的是靈魂之眼。在愛因斯坦之前的兩個世紀，他就發展出了相關的科學，與很多號稱宗教先知的人不同，他不會以信仰之名貶低理性，也不會以恩寵之名貶低自然。對他而言，物質與心靈的宇宙是不可分離、互相影響的，依等級原理形成了一條不斷裂的鎖鏈。

——瓦特・荷爾頓（Walter Holton），

德國柏林大學哲學教授

作爲一個人、科學家、公僕、神學家，他到今天還在散發出燦爛光芒。

——艾德格・蓋斯特（Edgar Albert Guest），

小說家、詩人

史威登堡的一生就是克服物質、取得靈性勝利的過程，他的教誨生動，很能激勵人，今天還追隨他的人就是最好的證據。世上的良心之聲看來似乎越來越小，幾乎被其他聲音所淹沒，這樣的時代更是需要史威登堡這樣優秀的靈性領袖。

史威登堡是個英雄人物。歷史上不曾有像他這麼精通科學、知識淵博的人，大膽地到雲間去旅行。那些在心靈領域地位崇高的人，幾乎都不太懂自然科學。在史威登堡的時代像他一樣有能力的科學家並不多，而在他之後也沒有人像他一樣細膩地描繪過天堂。

——老羅斯福（Theodore Roosevelt），美國第二十六任總統

——艾伯特．哈柏（Elbert Hubbard），《寫信給加西亞》作者

愛因斯坦的物理學，即使是知性發達的現代人也很難搞懂。但它最核心的觀念，一七三四年的史威登堡已經理解了。

——荷伯特．丁格（Herbert Dingle），英國皇家科學技術學院教授

我教學的領域是瀕死者的體驗與相關的現象，其中包含叫學生閱讀史威登堡的著作。史威登堡的記述跟那些瀕臨死亡後又活過來的人講述的沒什麼不同。要把他算成是聖者、先知先覺者，還是神祕主義者呢？我不知道該把他放進哪個框架裡面，也許應該將這幾個稱號合起來稱呼他才行。令我吃驚的是，他說出的東西和我的研究相符合的程度，讓我不得不相信他真的去看過那裡。如果有瀕死經驗者算是到死亡的門口探了一下頭的話，史威登堡則是將死亡這間屋子完完整整探索了一遍。

——肯尼斯．凌（Kenneth Ring），
美國康乃狄克州立大學心理學教授

前言

史威登堡留給我們的偉大禮物

天才科學家史威登堡留給人類的禮物是什麼呢？他給我們的是，人人都不可或缺的心靈禮物。在人類悠久的歷史中，很多聖賢、宗教與文化領袖都留下了珍貴的教誨，但我們生活的這個世界還是有種種大問題，人生中也還是充滿疑問，到處都充滿了恐懼與絕望。整個人生中最確實的一件事，恐怕就是每個人都有一死。

沒有人能逃過這樣的命運。活著的生命都會死，而似乎也沒有人能將死後的世界說個清楚。大部分的人都認爲，肉體生命的終結就是人生的結束。當然，各個宗教的教義都有提及死後世界或永生，但從對這些教義嗤之以鼻的人到一輩子過著虔誠生活的信徒，面對死後的世界大多還是會感到極大的恐懼，因爲連死後的下一刻會發生什麼事都根本不清楚。然而，這本書堅決宣稱「死後有永恆的世界」，若這是眞的，必須符合如下的前提條件：

一、必須存在一個死後生活的世界。
二、那個世界必須永恆存在。
三、享盡了世上壽命之後的老人家，到了那個死後世界必須恢復青春才行。

這一切眞有可能嗎？自有人類以來，死亡就是人類恐懼的事情。就算偶爾有人接觸到了死後世界的一隅，也沒有人能將那個世界的細節一一描繪出來。然而有一個人，一個接受到上天使命的人，對死後的世界進行了徹底的調查。他就是十八世紀瑞典的天才科學家伊曼紐・史威登堡（Emanuel Swedenborg, 1688~1772）。他在五十七歲時到過世約三十年間都能自由往來靈界。他以科學觀點來分析自己的體驗，並致力於將自己的靈界體驗與相關的人生道理傳播出去，這幫助了人們克服對死亡的恐懼。

如果能知道史威登堡的靈界體驗，對死亡的恐懼就一下子全消失了。死亡並不是一切的終結，而是讓人可能誕生到一個更光明的世界中，知道這些事情之後不但不會害怕，還能更積極去過人生，這就是人生最大的禮物了。

如果世上眞有重返青春的祕訣，相信很多人都願意付出巨資購買。健康長壽也是人追求的最大幸福之一。自有人類以來，對健康長壽方法的研究就從未斷過，未來也還會繼續下去。然而，這本書要告訴大家的，就是「死後的確有永恆世界在等待我們」這樣的好消息。如果能確信這件事，那麼人生該多麼喜悅、有活力、有意義？

史威登堡如此描述他所擔負的任務：

造物主讓我自由往來於死後的世界，也就是靈界，這可以說是個空前絕後的奇蹟。這樣的奇蹟在其他人身上幾乎從未發生過。雖然遠古時期曾有過人與天使直接對話的例子，但他們還是沒辦法直接進入靈界詳細調查。就像我在人世能看、能聽、能觸摸一樣，我在那個世界中也一樣可以隨心所欲地去看、去聽、去觸摸，去與靈對話。透過這樣的奇蹟，我親身體驗到天界中各種驚人的事實。因爲這奇蹟，我才可以同時生活在天上與人世，掌握靈界的所有眞相。

我知道神給了我什麼樣的使命。我的使命就是讓世人明確知道並相信死後的世界存在，不要讓他們因無知落入地獄，而是要讓他們都進天堂。

史威登堡留下的這些紀錄，就是他留給當代與後世的最大禮物，也相當於他的遺言。我們對人生終極問題、人生意義等問題的煩惱都可以透過這本書得到解釋。

我死後會怎麼樣？

若眞有死後世界，那麼也眞有天堂與地獄的分別嗎？

若眞有天堂與地獄，那我會去哪一邊？

我有靈魂嗎？若眞有，它長得怎麼樣？

我跟我所愛的那些人死後還能相見嗎？

我在這人世間的生活跟死後世界有什麼樣的關係？

如果想要到天堂去，在人世是不是要做些什麼事？

這本書試圖對這些問題一一解答，還畫出了一幅很好的人生藍圖。不管是偶然，還是必然，翻開這本書的各位，人生都是受到祝福的。各位的恐懼能變爲歡喜、絕望能變爲感謝，能夠用小朋友等待郊遊的心情、充滿幸福與希望地迎接在另一個世界的重生。

我們帶著盡可能讓更多人收到史威登堡留下的這份偉大禮物的心情，盡力來編成這本書。我們相信透過這本書，各位都可以獲取到對另一個世界、對生命本質的重要知識。衷心希望它能確實提升各位的生活，成爲大家追求幸福的指南。

第一章 天才科學家的神祕體驗

瑞典天才科學家：史威登堡

無論是誰，對以下這些事情應該都會有好奇心：眞有死後的世界嗎？如果有會是什麼樣子？這跟我又有什麼關係呢？人類出現後，已經有無數人經歷出生死亡，他們是就此消失在宇宙中，還是在死後世界的某處生活著呢？

媒體偶爾會介紹某些人瀕臨死亡之後又復生的經驗。但這些人口中的死後世界都只是片段零星的，而且很難讓人完全相信。

我們想在此介紹一位自由穿梭於靈界三十年的人，他就是瑞典的著名科學家史威登堡。

史威登堡一六八八年一月二十九日出生於瑞典，是一個牧師的次子，當時瑞典的國教是基督教路德教派，他的父親在宗教名聲顯赫，被瑞典女王任命為駐首都斯德哥爾摩的史卡拉大教堂主教。

史威登堡就讀於烏薩拉大學時，關注的焦點全在科學領域。雖然父母都反對他從事科學研究，但二十二歲的史威登堡還是堅持選擇科學家之路。

他的父親看到他拋棄家族傳統、違反自己的意志沉迷於科學當中，大爲失望。然而史威登堡不負於自己年輕的聰慧頭腦，很快就聲名大噪，當時被公認與發現萬有引力的牛頓齊名。

史威登堡的天賦在他對宇宙形成的研究中也充分展現。他相信宇宙中一切的形成並非偶然，必須要有「第一因」的存在。在當時的歐洲，有不少哲學家、科學家在思考這個第一因的問題，其中很多人試圖將宇宙誕生的第一因與造物主連繫起來，史威登堡也是其中之一。他也提出過一些超越時代的科學理論，可以與一兩百年後愛因斯坦等人的論文互相參照。他還提到過一個獨特的概念，就是「無限的能量是宇宙產生的根源」。

一七四五年，史威登堡五十七歲那年，他的人生碰上了不可思議的巨大轉捩點。在英國的倫敦，他有了特殊的體驗，頃刻間就將之前對科學的著迷全都放下了。他搖身一變，成了與科學世界毫無關係、探求神祕靈界的大靈能者。

從那天之後，原本鎮日埋首於圖書館和研究室的史威登堡，將身邊的科學書與資料完全清理掉，書桌上只剩下一本《聖經》。

知道史威登堡離開科學界的人都覺得可惜，幾個好友勸他繼續將才能發揮在科學上，甚至還有人日後仍一直不斷請他重返科學界。

但是史威登堡卻對他們說：「以後世上還會有很多像我這樣的科學家，但接受我這種使命的人不知道還會不會有。」

他的決心沒有絲毫動搖。

從一七四五年起到一七七二年，在他生涯的最後二十七年當中，他都可以隨心所欲地往來於靈界，不知道他到底去了幾百次、幾千次，還是幾萬次。

每當史威登堡前去靈界探訪後，一回到世上來就會埋頭於著述，留下了幾萬頁的「遊記」。如果全印成書，可能會多達幾十冊。

史威登堡所寫和靈界相關的著述，最有名的包括《天堂與地獄》《靈界記聞》《神的法則》《神的愛與智慧》《靈與肉的交流》《眞正的基督教》《結婚之愛》等等，但有的著述長達好幾冊，例如《靈界記聞》就有八冊之多。

海倫．凱勒從中獲得希望與勇氣

想像一下，某個外星人來到位於太陽系的地球的情景。地球上有廣大的陸地與海洋，有各種地形地貌、自然現象、人種與文化。如果他剛好到了夏威夷，他會覺得地球上長滿了椰子樹，而且不太需要擔心吃的東西，簡直就是個樂園。如果他到的是紐約市中心，他會認爲地球擠滿了高樓大廈，街上人來人往。如果他是降落在撒哈拉沙漠，他會覺得地面上只有沙子，不太適合人類居住。如果他抵達的是南極，他會認爲地球是個冰雪建構成的世界。如果到的是沙漠以南的非洲，他會認爲人類的皮膚應該是黑色。如果到的是中東，他會認爲人類全都信奉伊斯蘭教。

對於靈界，如果人類一直都是這樣瞎子摸象，也算是陷入一種無知的境地，因此上天選擇了史威登堡來當溝通的使者。另一個未知世界的壯大遼闊，恐怕是千千萬萬個地球也比不上的，就算史威登堡再怎麼聰明，如果只去過一次，那麼跟外星人來地球探險片刻就走，恐怕也沒什麼兩樣。

所以特別的命運降臨在一個科學家的身上，讓他得到能夠絲毫不受限制、任意地在另一個世界遊逛的特權，讓他看到自己想看的每一個角落，並且自由地跟存在於那裡的意識體進行溝通。使者帶領著他從天堂一直看到地獄的底層爲止。

史威登堡甚至也能與歷史上的名人見到面，包括耶穌、十二門徒與使徒保羅，以及幾個教宗。他將二十七年間往來另一個世界看到、聽到、體驗到的一切記錄下來，進行分析及著述。能做到這些都是因爲他受過系統性的科學教育與訓練。天意的選擇著實十分奇妙。

海倫·凱勒原本是一個人生毫無希望的嚴重身心障礙者。她看不到、聽不到，又說不出話來。但她透過史威登堡的著作獲得了希望與勇氣。

過去的兩百多年中，透過史威登堡留下的記錄，已經有無數的人知道了天堂的法則，並打定主意要進去。有很多人已經都像海倫·凱勒一樣從中獲益了，今天的人也一樣可以獲益。

如果史威登堡想以科學家的身分受人紀念，那他就沒辦法傳揚這些心靈的訊息。史威登堡一個人，就能讓許許多多的人改變了生活方式，等待死後進入天堂，而能夠平靜地迎接死亡。這些人都非常感謝一七四五年站在命運轉捩點的史威登堡所下的決心。

在這裡先介紹一段史威登堡晚年某本書的序文：

我史威登堡在過去二十六年中常將肉體拋在這世界不管，變成靈體進入到死後的靈界去。我與生活在那邊的眾多靈交流溝通，看到聽到了無數的事情。記載在這裡的一切都是我的親身體驗。

我很清楚，大多數人並不想相信像我這樣在人類歷史上甚爲稀有的獨特體驗者。但我現在對這件事情不太擔心，因爲我自己可以確信，我記錄下來的東西對我而言都是親身經歷的事實。

接觸到我留下的這些著作的人沒有一個可以否認：人的靈魂永遠存在、知道除了我們住的這個人世之外，還有另一個靈的世界存在。

透過這些著述，我將我如何進入死後世界、像與人世的人見面交談一樣跟那裡的靈交往、看到聽到的一切都帶回來，明確地說出靈界與我們這個人界之間到底有什麼樣的關係。

我到靈界看到聽到的東西數量太大了，所以我寫下的記錄數量也不得不大。想到這麼龐大的份量，我還能留在人世的時間相對來說太短了。因爲我在明年（一七七二年）的三月二十九日就要離開這世界，最後一次出發到靈界去，並永遠不再回來。我已經沒有時間可以浪費了，我只能拚命趕進度。我太忙了。

史威登堡那時就已經知道了自己的死期。

他在死前曾經寄了一封信給一位教會牧師，預言了自己的死期。他寫上面這篇文章，是在他死去的一年之前。

讀史威登堡的這篇序文時，我們可以感受到他對全人類的使命感有多徹底。他也很確定他的讀者裡有非常多都會感覺到非相信他說的這些道理不可。人是萬物之靈，是有靈性的受造物。因此史威登堡相信一定有部分人讀了這些東西，就會直觀地看出他說的都是事實。

史威登堡的戲劇性生涯

史威登堡的戲劇性生涯是如何展開的呢？

一七四五年的某一天，史威登堡正在英國倫敦旅行。因爲他去得太頻繁了，已經有固定居住的旅館和固定用餐的餐廳。就像平常一樣，史威登堡在他固定用餐的餐廳吃晚飯，不可思議的事情就在那裡發生了。

吃完飯後，史威登堡將刀叉放到桌上，想起身離開時，突然發現餐廳裡散放出如陽光般七彩燦爛的光來，亮度比陽光還強上許多。史威登堡的眼睛被光刺得睜不開，差點就嚇昏過去。一陣子之後，光中間出現了一個穿著潔白袍子的人，白袍發出金色的光芒，那是個史威登堡從未見過的神祕人物。

他開口了：

「你！」

說完這個字之後，那人就消失了。但餐廳中還有些煙霧般瀰漫的東西包圍著史威登堡。又過了一段時間，那些煙霧才散去，剩下史威登堡一個人呆站在餐廳的正中央。

史威登堡好不容易打起精神，慌忙地跑回旅館。回到房間後，他想起之前在餐廳中的奇異體驗。「我的身體已經虛弱到會看到幻覺了嗎？」但史威登堡越想越覺得他看到的東西並不是幻影。煩惱了一會之後，他就入睡了。他完全沒想到第二天晚上還會發生令他更吃驚的事情。

第二天晚上，史威登堡躺在床上準備就寢，房間裡突然就像前一天的餐廳一樣大放光芒，明亮得有如白晝，前一天看過的神祕人物站到他的床邊。史威登堡嚇得渾身顫抖了起來。那個神祕人物用很嚴肅的語氣對史威登堡說：

「別害怕！我是神派來的使者。我來這裡，是要賦予你一個重要使命。你會被帶到死後的世界，也就是『靈界』去。你要去跟那裡的靈溝通交流，將在那世界的見聞記錄下來，轉達給這人世的人們。千萬不要輕忽你這神聖的使命！」

說完，神祕的人物又消失了。

打從那天之後，史威登堡就沒再看過那個人物了。不只在人世，連在他後來頻繁出入的靈界中，也都沒有再遇到那個人。然而就因爲那人，使得史威登堡的生活從此有了一百八十度的轉變。

見到這個不可思議的人後，靈界的大門就對史威登堡敞開了。他的靈眼睜開了，也被授予可以隨心所欲進出靈界的神祕能力，此後他就把靈界當作自己家一般，想去就去。

史威登堡接受特殊的使命之後，就開始將他一切特殊的靈界體驗都細心記錄下來。這就是他靈界作品的起點。後來的他毫不懷疑自己是受到偉大力量，也就是造物主的召喚來擔當這樣的使命。

進入靈界的模擬死亡技術

史威登堡將自己進入靈界的技術稱爲「模擬死亡技術」。這種能力就是讓肉體進入近似於死亡的狀態而留在人界，靈體則跟肉體分離開來，就像死去後的人變成靈一樣，成爲完整的靈體到靈界去。

一般的人也會體驗到這樣的事情，不過只在肉體生命臨終的時候。所謂死亡就是指靈體從肉體分離出來。分離之後的肉體在人世化爲塵土，但這並不代表一切的消逝。眞正的生命力都是在靈體裡面，分離開來之後的靈體則會進入靈界。

史威登堡靠著上天賦予他的特殊能力，可以主動脫離肉體，而在離開的期間，肉體不會腐朽，還能維持一定程度的生理機能。等到靈體從靈界回到肉體之後，就能夠繼續過人世的日常生活，這就是他的情況跟一般人肉體的臨終不一樣的地方。

對靈體而言，肉體就跟衣服沒什麼兩樣，脫下了肉體就成爲靈，穿上了肉體就又恢復成一般人。史威登堡在二十七年內就這樣不斷穿穿脫脫自己的肉體，以執行他對全人類的使命。脫去肉身進入靈界之後，他跟原本就定居於靈界的靈沒什麼兩樣。其實靈界都以爲他也是個肉體已經死去的靈。他可以說幾乎是唯一同時獲得人界與靈界居留權的人物。

大多數人只有到壽命已盡的時候，才會那麼靈魂出竅一次，因爲一般靈魂出了肉體之後就永遠沒辦法再回去，而肉體就會開始腐敗，這就是我們所說的死亡。然而死亡的只有肉體而已，眞正的自己是不會死亡的，只是會離開人世而永久居留於靈界。

那靈體到底又是什麼東西呢？我們稱爲「我」的東西其實是「靈體」，肉體中是沒有眞正的生命的。肉體只是靈體的器皿、工具。現在人世生活的所有人幾乎都認爲自己是靠肉體活著的，但讓肉體活著的眞正主人卻是居住在肉體裡的靈體。

那靈體又是怎麼產生的？脫去衣服成了裸體的自我，在外型、五官感覺、思考、意識等方面會有什麼變化？不管穿了衣服或是脫去衣服，「我」一樣還是我。從這個想法發展下去，將肉體當作衣服思考看看吧。若肉體是靈體的衣服，脫去肉體之後，我們就會變得有所不同嗎？靈體才是眞正的自己，就算脫去了肉體衣服，也一樣是個完整的人。而周遭的生活環境也只是從物質界搬到靈界而已。在物質界，人們認爲靈體離開肉體就是死亡，但其實這個生命並沒有消失，甚至「我」的本質也不會因而改變。

靈體的臉龐、眼耳鼻舌身的五官感覺、跳動的心臟、呼吸的肺、想動就會按照意念行動的手腳……這些東西都依然存在。更重要的是記憶力、情緒、思考力、意識、意志等等，也都還在。只不過穿著肉身的時候，物質做的肉身會成爲靈體的負擔。不是以物質而是以靈性能量造成的靈體比肉體更加完美。脫離肉體之後，會感覺頭腦一下清楚了幾十倍，各種感官比肉體的還敏銳清晰。不再有肉體的靈體會施展靈性的能力。靈體不是用肉體的方式，而是用完全不同的方式感受時間與空間。那是無法以現實世界的概念來形容的。如果談到靈界的時空，通常是爲讓有肉體者容易理解不得已之下採用的比喻。靈體的移動是在於心念的速度，比光速更快，就算幾千億里的長度，也能夠在瞬時間往來。

靈與靈間，透過思緒就可以互相對話。不管對方內心想什麼，自己都能馬上讀到，用「精神感應」去形容也無妨。史威登堡進入靈界後，跟遠古時代或世界各地的靈都能自由交流，毫無語言方面的障礙。

心念一動，馬上就到達想去的地方

史威登堡如此描述自己初次進入靈界的體驗：

我靠意志脫離了我的肉體。在那一瞬間，靈體從我所躺的床上方的天花板往下看我的肉體，它跟死了的人一樣。接著我的靈體就穿過屋頂，朝上直飛而去。

一切物質的東西，包括門、牆壁、天花板、屋頂等等，不管是用石頭還是鋼鐵造的，我的靈體都可以自由穿越。我什麼東西都沒破壞，從在屋頂上方大約二三十公分的上空往下看我的肉體，發現我的脖子扭曲地靠在床頭上。

我突然想：「這樣彎折著脖子，可能我還沒回來就先窒息死掉了！」一有這個念頭，我的身體就改變了姿勢，好好地在床上躺平了。我是靠我靈體的意志，而不是肉身的意志去讓我的身體動作。對靈而言，思想的確就是力量。

接下來，我的靈體就在天堂中跟隨著領路靈前往靈界中我想去的地方。我一瞬間就到達了那裡。我只不過心裡一想，就發現自己到達了。不只是天堂，我還經常出入地獄。這一切的內容都被我記載在書中了。去地獄的時候，惡靈們想要傷害我，所以我身邊不只有領路的靈，還有幫忙保護我的「守護靈」。如果沒有這些善靈的保護，可能我二十七年前就已經死了。

史威登堡強調，在讀他的體驗記之前，必須先將以下的原則深深銘記在心。他主張這些都是確切的眞理，必須堅持這些原則才能正確理解他想要傳遞的信息：

一、另一個世界不只存在，而且還是造物主創造出來的。打從地球上有人類以來，一個人類都沒有消滅掉，而且都居住在另一個世界中。

二、人有雙重體，也就是肉體與靈體。在人世的時候靈體居住在肉體之中，但生命力完全是在靈體上面。肉體不過是靈體的工具罷了。

三、人從人世死去時，靈體自然就脫離肉體，也可以稱其爲「靈魂出竅」。但人的本體生命是不會死的，死的只有肉體而已。靈體會向靈界移動，之後永遠都存在。這是每個人都無法逃脫的法則。

第二章

讓史威登堡聲名大噪的神奇事件

接受特殊使命離開科學界

前面介紹史威登堡時談過，他原本是十八世紀名噪一時的天才科學家。在一七四五年之前，他都持續與萬有引力的發現者牛頓進行交流，精通二十種不同的科學領域，發表了多達一百五十冊的科學論文，但卻意外地被賦予了另外一個使命。

等他開始進出靈界、體驗另外一個世界的細節時，他與科學界的關係就一下子全斷了。看到這件事，歐洲的科學界都非常痛心，甚至有人哀悼史威登堡已死，某些科學家甚至還對他浪費了自己的天才感到憤慨，直接把他當成瘋子。

史威登堡一再重申：

要找人代替我，研究我打算研究的科學課題，是非常容易的。但靈界的眞相不是學問或知識，而是關於永恆生命的重大問題。我告訴大家的靈界眞相，可能影響每個人會到天堂還是地獄去。這種特別的使命比我作爲科學家能貢獻的東西重要千倍萬倍。除了我之外，沒有人可以擔起這個使命。所有的科學其實都是造物主立下的法則，而我就是受這位造物主的呼喚而得到這樣的使命。我這些關於靈界的著述將能幫助數以億計、甚至十億計的人類到天界去。我看到了、親身體驗到了宇宙終極的眞相。只要用心讀過的人都會知道，我不是在寫小說。

這眞是意義深長的自白。史威登堡在一七五八年出版《天堂與地獄》一書，那時他與靈界的交流已經展開十三年了，也已經掌握天堂、地獄、中間靈界等的眞相。

因爲內容太出人意外、在當時顯得太激進，所以只能匿名在倫敦出版。從那之後，史威登堡在歐洲作爲靈能者的聲名就比作爲科學家的聲名更大了。

以下介紹在他的書出版之後發生的幾件廣爲人知的事件。

在瑞典女王面前通靈

史威登堡曾經接受祖國瑞典的女王邀請，前去晉見。他本身是瑞典的貴族，也是上議院的議員，女王有什麼活動慶典等偶爾也會邀請他。但那天，他卻是受邀在眾官員的面前試驗通靈術。

當史威登堡進入準備好的場地時，以女王為中心，許多官員都瞪大了眼睛看他，眼神全都充滿了懷疑。

女王之所以召集這樣的聚會，是為了兩個理由。一來她想看看史威登堡已經傳遍歐洲的通靈異能。二來是為了透過史威登堡之口在眾臣們面前誇讚已故將軍的遺澤。

女王提到那位已過世將軍的名字，並詢問史威登堡認不認識，但是史威登堡連有這位將軍的存在都不知道。

女王把將軍的名字寫下來，交給史威登堡，命令說：

「將軍死後留了一封遺書給我，這件事除了我之外誰也不知道，內容當然就更沒人知道了。我之所以沒有將它公開，是因為當時裡面提到的人物還健在，同時將軍也曾拜託我不要公開。不過現在信裡的相關者都已經過世超過十年以上了，我想要將那封信公開給官員們。既然你可以到另一個世界去見到那些故去者的靈魂，那麼我就想借你的口來將那封信的內容公開出來。」

接受到女王的命令，史威登堡在諸多官員眾目睽睽之下躺到沙發上，用他已經熟練得不能再熟練的「模擬死亡技術」脫離了肉體。但光知道將軍的名字是不夠的，眞正進入靈界尋找之前還需要更具體的資訊，首先要鑽進女王的靈魂才行。這是爲了搞清楚女王所知那個將軍的來歷，但女王根本想都沒想過史威登堡會跑到自己的靈魂中搜索情報。

史威登堡進入靈界之後，用從女王那邊看到的樣貌一比對，立刻就找出了那位將軍。史威登堡開始試著跟將軍用思維概念來對話。

史威登堡問他：

「您是不是某某將軍？」

將軍給予了正面的回答。史威登堡馬上將遺書的問題搬出來。待在靈界中，隨著時間流逝，在世上的記憶也會漸漸淡忘甚至消失。將軍拚命搜尋當初的記憶，好不容易才想起來，遺書的內容是自己與部屬在戰場上的英勇行徑，並請求國家爲那些冒著生命危險英勇奮戰的部屬們授勳。

史威登堡得到答案，馬上回到自己的肉體。這時周圍所有的人都屏息望著他。宮中的氣氛霎時緊張到幾乎要令人窒息。史威登堡鄭重地走到女王面前，說出了將軍遺書的內容。聽了史威登堡的話，女王大吃一驚：

「史威登堡大人，這還眞是驚人。您辛苦了，您果然是瑞典的驕傲。現在讓我們來朗讀將軍的遺書吧。」

史威登堡從女王那裡接過遺書，大聲朗讀。在場的官員紛紛發出了驚嘆聲。遺書內容跟史威登堡先前所說幾乎沒有什麼差別。從這刻起，大家都將史威登堡視作瑞典的神人。

女王宣布說，將軍遺書的內容雖然此刻才公布，但是國家很久以前就已經按照將軍稟報的內容執行了。

接著史威登堡就開始談他在靈界看到將軍的情況：

「將軍現在生活在一個很棒的地方。我做的事情並沒有什麼了不起，我只不過是去問問將軍，並且將聽到的帶回來罷了。這並不是什麼超能力或魔術，希望大家不要誤會了。」

女王稱讚了史威登堡一番，史威登堡在諸大臣的喝采聲中離開了宮殿。這超出人們想像力的事件，在很短的期間內就傳遍了整個歐洲。

荷蘭外交官遺孀的珠寶

史威登堡曾經受某位荷蘭大使遺孀的請求辦過一件事，當時這位大使夫人身陷極大的困境。她的丈夫是一七六一年被荷蘭派任到瑞典的大使，駐地在斯德哥爾摩，他完成瑞典工作回到本國之後沒多久就過世了，但是某天一個珠寶商寄給這位遺孀一張帳單，說她丈夫生前送給她的高級戒指與項鍊等禮物都還沒付錢，要求盡快支付。

這位遺孀大吃一驚。就她所知，丈夫平時從未賒過帳，但她將整個家翻過幾遍，都還是沒辦法找到收據。所以她只能去請在瑞典時就聽過鼎鼎大名的史威登堡，懇求他去問問丈夫收據到底在哪裡。

史威登堡知道後，便伸出援手，進入靈界去見遺孀的丈夫，問了收據所在之處。回到現實世界後，史威登堡對遺孀說，收據就在寢室衣櫃的第幾個抽屜中。聽到這句話，遺孀大失所望，對史威登堡說那個抽屜不知已經翻過幾遍了，但就是沒有收據。

史威登堡回答：

「妳丈夫說那個抽屜裡面有暗格。請將抽屜底層拆開來看看。」

遺孀照著做，果然發現抽屜底下的暗格，家中所有重要的文件都在裡頭，其中當然也包含了她急著找的那張收據。

靈視斯德哥爾摩的火災

有一次，史威登堡為了參加會議而來到瑞典西部的城市哥登堡。他的計畫是晚上留宿在朋友家，第二天再與那位朋友一起出席會議。可是等他抵達了朋友家、吃午飯的時候，他卻不由自主地進入了出神狀態。更詳細地說，他平常都是有意識地主動採用模擬死亡的技術來脫離肉體，但那天他是自然而然就進入了出體的狀態。

朋友看到史威登堡突然臉色發白、無精打采，以為他是長途舟車勞頓太過疲倦，所以將他搬到床上躺著。史威登堡就這樣處在出神狀態下，拚命大喊：

「失火了！火災！斯德哥爾摩發生了大火……」

在那一刻，史威登堡的靈體已經跟自己的肉身脫離，他瞬間到達了斯德哥爾摩的火災現場。火災的起燃點是在城市的西邊，被剛好揚起的強風一吹，迅速往東蔓延。頃刻間幾乎整座城都快被巨大的火焰吞沒。

人們被火焰逼得東竄西逃，整個斯德哥爾摩瞬間化為恐怖煉獄。火勢漸漸往史威登堡家的方向蔓延。史威登堡嘆了一句：「今天我家要化爲灰燼了。」但不知何時起他的身邊突然出現了一群天使。下一瞬間，風向就轉了九十度。風力開始漸漸減弱，沒過多久火就熄了。火焰最後到達的地方，是從史威登堡家數起的第三間房子。

史威登堡一下子就又回到了肉體裡面。

「你沒事吧？」

朋友一臉憂心地問道。史威登堡立刻長長嘆了口氣，說：

「斯德哥爾摩的大火現在已經熄了，最遠燒到我家前面第三間的房子。我剛才還很擔心我家會付之一炬，不過現在可以安心了。」

朋友聽到史威登堡的話大吃一驚，在路上順道前去找哥登堡的市長，報告了首都斯德哥爾摩的火災。市長馬上派人到首都調查。兩百多年前的時代不但沒有電視，連收音機、電話、無線電等等都不存在，遠地之間要傳遞消息是非常困難的。

乘著馬車前往探查的人回來對市長報告，就在史威登堡目擊到火災的時間點上，斯德哥爾摩西部的確發生了火災，然後因為強風往東部蔓延，最後燒到離史威登堡家差三間的房子。

這件奇事一下子就傳遍歐洲，史威登堡的著作也因此洛陽紙貴，成了暢銷書。上述這些神奇事件讓史威登堡的靈能者身分一下變得比科學家身分更為人所知。與他同時代的德國哲學家康德甚至也曾將這件火災當作實例，在其書中引用。

此後，史威登堡在大眾間也成了知名人士，並改變了許許多多人的命運。基督教界的領袖開始激烈地批評他，因為從他對靈界的記錄中可以看出，許多教會流傳下來的傳統教義其實與他看到的真相相距甚遠。

預言自己的死期

以下介紹史威登堡一生中最重大的神奇事件，就是他準確預言出自己的死期。他所預言的日期是一七七二年三月二十九日，那一天他身在倫敦，也的確按照預言死去。百年後遺體承瑞典國王的命令運回祖國瑞典，舉行了盛大的葬禮之後安放在烏薩拉大教堂之中。

但另一件神奇的事是他預言自己死期的方法。他不是告訴自己的家人或親戚，而是寫了一封信給他素昧平生的約翰．衛斯理牧師。他之所以採用這個方法，是爲了給出他通靈的另一個證據。

史威登堡寫給衛斯理牧師的信大致內容如下：

我所尊敬的衛斯理牧師！我知道您想見我，所以我想向您報告，我會在一七七二年三月二十九日告別這個世界到靈界去，此事已定。在那之前我應該可以見您一面。

史威登堡　敬啓

衛斯理牧師也寫了一封令人驚訝的回信：

我所尊敬的史威登堡大人！我很早就聽說過您作爲異能者的名聲。收到您的信我太過驚訝，我在朋友們注視之下打開了這封信。您跟我完全沒見過面，怎麼會知道我想見您呢？我跟朋友們都對這件事大爲驚奇。您眞是位神奇的人物。

衛斯理　敬啓

史威登堡對此解釋：

我當然是在精神上跟他的靈互相交流才知道他想見我的。但是比起單純跟靈體溝通，要與活著的人進行這樣的交流是更困難的。總之，衛斯理牧師回的這封信也可以證明我的通靈術是事實。

他繼續總結：

我現在還存留在這世上的東西，就只有我這已經完成使命的肉體，以及我執筆寫下的那些著述。我向衛斯理牧師預言的一七七二年三月二十九日一到，世界就會再次知道我所說的是事實。

就像這樣，史威登堡兩次證明了人的壽命是在天界中先定下來的。

為什麼相信死後的世界這麼難？

史威登堡多年體驗靈界的過程中，也與天使有過許多交流。就像史威登堡對靈界非常好奇一樣，那些天使也對這個人世的一切十分好奇，會對他問東問西的，天使們最驚訝的就是世人對於靈界幾乎是處於完全無知的狀態。

史威登堡回答天使們：

「不管人世的人自認爲對死後的世界有知無知，都差不了多少。自認爲知道的人都會說，人死後就不再是人，而是靈魂。他們認爲靈魂雖然活著，卻是跟空氣、風、以太差不多的氣體之類的東西；人的肉體會腐爛歸於塵土，等到主再次降臨時，就會帶來奇蹟，讓人們再次復活成有血有肉的物質界的人。」

聽到這番話，天使們簡直都快昏倒了。

「喂！難道我們是風嗎？是空氣還是什麼氣體嗎？我們擁有完整的身體，還活生生得發出光來，居然說我們是氣體？我們就是完整的人，完整的天使啊……」

告知天使世人對靈界中認爲理所當然的各種狀況過分無知的同時，史威登堡感到十分心痛。天使們對史威登堡問道：

「史威登堡，你爲什麼要做出這麼痛苦的表情呢？」

史威登堡猶如自言自語般地說：

「造物主不斷將靈界的祕密一五一十啓示給我，這些眞相比此前傳到世上的絕大部分眞相還要重要、明確，但世人並沒有輕易承認這些東西的價值。造物主想要給予全人類的恩惠卻沒辦法在世上傳揚開來，讓我感到深深的歉意。世人要求的是看到奇蹟。如果能讓他們看到奇蹟，他們應該會相信。」

聽到這話，天使長安慰他說：

「奇蹟？史威登堡，你從造物主那邊收到的一切眞理全都是奇蹟。沒辦法相信這些事情的人，也不可能相信摩西過紅海時讓海分開，更不會相信耶穌在世時顯出的一切神蹟。別再爲此難過擔憂了。造物主想將世上的人類引導到天界去，才將你叫到這裡來給你啓示。你也用你受過科學訓練的分析才能，將這一切盡可能明確寫了下來。光明已經普照大地，這就是奇蹟中的奇蹟，而這奇蹟將會在世上結出果實來。造物主與救世主都不會輕易感到挫折灰心的。我們有著永恆的時間。改變世界最偉大的方法，就是向世人們傳揚死後的世界——也就是靈界——確實存在。沒有誰眞了解這件事之後不會去改變的。回到人世去宣布眞理吧。你做了件很偉大的事，我們代表整個靈界向你獻上感謝。」

人對死後的世界與死後的生命之所以難以相信，坦白說是因爲以下這個態度：

我們太聰明了，該知道的東西都已經知道了。

人們單純而天眞無邪的心態，也因爲這樣的想法而破壞殆盡。人們自誇：「我的腦筋邏輯非常清楚，我不會被騙！」但是會不會有對自己的知識太過自信，而騙了自己的情形呢？這是許多現代人身上普遍存在的一個大問題。

很多人一聽到「鬼神、靈界」之類的東西，立刻就會回答：「啥？你說靈界？死後的世界？科學早就已經證明沒有這些東西存在。你到底是哪個時代的人啊？不是數位時代的吧？你不知道複製人都快做出來了嗎？科學已經解開了宇宙所有的祕密。不要再胡扯、迷信了！」

這樣說的同時，這個人可能還覺得只有抱著這樣的想法，才算是聰明的現代人。事情眞是這樣嗎？哪一條科學定理、哪一個實驗、哪一樣證據、哪一位科學家證明了鬼神靈界不存在呢？

長期從事科學研究的史威登堡說過這樣的名言：

科學將會爲全人類帶來驚人的奇蹟。然而有兩件事是絕對不可能辦到的，一件是想用顯微鏡去看到神，另一件是創造出一粒有生命的麥子。

科學背後凡事要求證據的精神，乍看之下似乎要求人們否認靈界的存在。如果講求證據只停留在物質的層面，是很難證明神或靈界的存在的。以這樣的觀點只能看到造物主所創造的世界的一半，也就是物質的世界。而且科學也還探究不出生命到底從何而來。

對科學精神了解不夠透徹的人，很可能認爲科學正在與宗教相爭，也就是在與神相爭、在排斥神。然而，作爲造物主的神，其實並不是站在科學的對立面。科學研究的法則，也是由神所創造出來的，換句話說，最終極的科學家就是神。只不過神創造出的法則，讓人光用顯微鏡無法看到祂而已。（不過某些科學的發展，已經到達用新觀點看待物質界的門檻，例如量子力學與相對論等，應有機會進一步打開科學的眼界。）

對很多現代人而言，科學就是他們崇拜的神，對科學的絕對信仰已經遮蔽了人們很大一部分的視野。但科學再怎麼發展，僅只能檢視到人外在的部分。史威登堡強調過很多次，人類眞正的本質面目在於內在的靈魂。

全知全能的不是神而是人；人定勝天。

科學帶來了現代物質文明的發展，而這樣的發展卻將傲慢灌輸進人類的靈魂。因此很多現代人沒能睜開看靈魂、看死後世界的眼睛。現代人只要敲著電腦鍵盤，就能查到網路上的資料，自認爲是古往今來最有知識、見識，最幸福的人。然而現代人用這樣的科學，就能避免掉病痛與死亡嗎？

等臨終之日到來，那些自認聰明的現代人，同樣必須搭上通往靈界的航班。可能等進了臨終機場要出發時，他們才會發現自己根本連航班表都沒有，不知該如何是好。隨便亂上飛機，可能剛好就是通向地獄的班機，卻爲時已晚，他們已經沒有時間可以買機票去想去的地方了。當他們在靈界中睜開眼睛，會發現自己已經錯失了在人世能讓他們進天堂的寶貴機會。

史威登堡自己也是個聰明人，他接受到的使命就是盡可能喚醒更多有慧根的聰明人。不管人們對靈、對科學抱持著什麼樣的態度，慈愛的神都愛著他們，也都希望他們能進入天堂。

造物主希望透過史威登堡讓更多人知道天堂的眞相，進而開啓他們進入天堂的道路。

第三章

史威登堡筆下的永生

天堂中越活越年輕

在世上活著的人都想長壽，這可說是人之常情。人瑞可以活到超過九十、一百歲，這已經算是很長壽了。如果要再談到「死後的永生」，許多人就會認爲那是超出想像範圍外的事情。但是史威登堡談這些事的時候，卻說得非常肯定明確。他極力證明，死後會有永生的世界。如果是事實，那恐怕很難找到比這更令人高興的好消息了。這可說是人生最重要的問題，無論是誰都沒辦法很有自信地對此下定論，史威登堡卻透過自己的體驗明快地給出答案。

在史威登堡關於靈界的著作中，最出名也最多人看過的，就是《天堂與地獄》一書。這本書最早出版是在倫敦，但考慮到內容會給當時社會帶來太大的衝擊，將在歐洲引發劇烈的反應，所以一開始作者是匿名的。

這本用拉丁文寫成的書，是在史威登堡滿七十歲、經歷了命運轉捩點之後的第十三年時出版的，原書大約有四百頁。

史威登堡的著作，有他自己的獨特文體。首先，標題都很長，《天堂與地獄》

一書的原題是「從天堂那些驚人的事開始到地獄看到聽到的事」。這書共分成三個部分、六十三章，又細分爲五百六十三節。第一部分是〈天堂篇〉，第二部分是〈中間靈界篇〉，第三部分是〈地獄篇〉。所以這本書可以像聖經一樣，從章節編號直接檢索到內容，從這件事也可以看出史威登堡的思維模式深具組織性、分析性。此外，也可能是他認爲自己寫下的內容會被翻譯成各國語言，所以希望透過這種方式來維持每個版本的統一性。

《天堂與地獄》第一部分〈天堂篇〉第四十二章四一四節中有如下這段話：

天堂的人毫不停息地朝青春之路不斷前進著。度過幾千年歲月後，他們越活越年輕，這個過程還會永遠持續下去。他們的幸福感會隨著愛與信心的進展而不斷增加，且更爲豐富。

有一位在世上活得非常長壽、後來因衰老而死的老婆婆，她在肉身活著的時候對神的信仰非常堅定，對自己的鄰人也很慈愛，與丈夫過著相愛的幸福生活，最終到了天堂去。這位婆婆在天堂越活越青春，恢復了美貌，時間過得越久，就越展現出凡人無法想像的極致之美。

「愛其他人」這種善良之心，就是還原青春美麗最大的動力。以上的內容如果換個方式說，就是「在天堂中活得越久，也就越年輕」。

史威登堡留下的紀錄，將死後永生、恢復青春的過程，描寫得非常逼真、美好。他說這些都是他無數次進出靈界的親身體會。

在天堂遇見佳偶

史威登堡還有另一本有名的著作，就是《婚姻之愛》。這本書的內容是在描述天堂的夫妻之情。

那一天我正在訪問天堂，天使突然出現在我面前（史威登堡將所有生活在天堂的靈體都稱作天使），說：

「造物主讓你到天堂來參訪，這靈界也是充滿夫妻之情的地方。我們請了一對天堂夫婦過來跟你見面。」

過了不久，天堂中出現了一輛白馬拖著的馬車。那輛馬車來到了我身邊，一對夫婦從馬車上走了下來。我注視著他們，發現他們就像剛舉行完喜宴的新婚夫婦一樣甜蜜。那個丈夫很有禮貌地向我問候，然後自我介紹：

「用世人的歷史來說，我們從遠古創世的洪荒時代就已經是這天堂的居民了。我們兩個已經在這裡享受了幾千年的無窮幸福。就像您看到的，在這幾千年的過程中，我們越來越年輕、越來越美麗，重新獲得了猶如花朵綻放般的青春，而我們也將永遠這樣下去。」

我在訝異中輪番打量這對夫婦。男士是一個處於成熟青年期的美男子，擁有容光煥發的丰姿。他的雙眼中閃爍著愛的光芒，外表看來健康有活力，內心則散發出燦爛光彩來。他穿著一條美麗的長袍，腰間圍上了金色的腰帶，袍子中央有青綠的翡翠，金色腰帶上的寶石也閃閃生光。

接下來，我又觀察那個妻子，看起來也差不多是二十歲，正值青春的絕頂，貌美到令人不敢逼視。她的臉上並未化妝，因滿滿的幸福自然散發出耀眼之美，喜悅完完全全是打從內心中滿溢出來的。

她的頭髮上插著與她的美麗相得益彰、閃閃生光的鑽石，還戴著紅寶石項鍊、珍珠手環，身穿大紅色長袍，外面披了一件用紅寶石裝飾的紫色罩衫。只要這位妻子轉變方向，四周的光色也會隨之變化，而當夫妻四目對望凝視，從兩人身上就會散放出五顏六色無比燦爛的光彩來。

那位妻子問道：

「你現在在看什麼？」

「我看到你們兩個的樣子，知道了夫婦間的愛有多麼純潔美好。我現在知道，天堂的美是從內心中湧出來的，而夫婦間的幸福是從內心中的愛之美裡面產生出來的。」

那個妻子回答說：

「在天堂裡，愛就是生命。反過來說，生命也就是愛。大家會說，夫婦是一體同心的。其實我們根本不是兩個個體，而是合一的一個整體。在天堂裡頭，不是把夫婦看成兩個人，而是看成一個人。所以大家都把我們叫作『同位天使』。我們之所以看起來這麼美，不是因爲我們有什麼事做得特別好而獲得這樣的獎賞，而是造物主賜給我們的祝福。天堂裡所有一切，都是靠對神的愛、對鄰人的愛來決定的。」

講這些話的時候，他們兩個看起來如同用一張嘴在說話。這對美麗的夫婦，看來就如臉色白裡透紅的少年少女，美到極致，讓人很難相信他們已經存在了幾千年。

過了一陣子，這對夫婦說：「上面在叫我們回去，我們就先走了。」接著，就登上了馬車，奔馳過種滿花的原野，回到城裡。他們一到城門口，一個純潔美麗的天使就出來將他們兩個迎了進去。

這段紀錄看起來就像是童話一樣。依照史威登堡的說法，這個童話般的國度實際存在，也就是天堂。

天堂跟永生是存在的

《聖經》中提到過「神就照著自己的形像造人，乃是照著他的形像造男造女」（〈創世記〉一章二十七節）。我們與神非常相像，或者也可以說神與我們很相像。所以神是我們看不見的人，而人是我們看得見的神。

造物主為人類打造了兩個世界，一個是我們現在生活的人世，另一個則是永生的靈界。造物主讓人類帶著肉體出生在人世，也希望人類永恆的生命靈體能夠進入天堂永享幸福。所以人類擁有兩個身體，也就是肉體與靈體。在人世的時候，靈體跟肉體是在一起的，等時間到了，靈體就會脫離肉體飛向天堂。

看看蝴蝶，蝴蝶就是人類生涯的一種象徵。蝴蝶剛生下來的時候只是毛毛蟲，等時機到了，才會脫去了蟲的外皮飛到天空中，到處尋找花朵採蜜，並且讓花結出果實來。

就像這個例子一樣，在人世的生活並不是生命的全部。穿著毛毛蟲外皮的人世生活過後，就是羽化爲蝶的靈體永生在等待著人們。史威登堡從上天接到的第一個使命，就是讓大家知道天堂跟永生是存在的。

人們眞正的生命其實存在於靈體中，而不是在肉體中。靈體完全脫離肉體的那一天，就是我們一般所說的死亡，殘留在人世的肉體就相當於蝴蝶拋棄的蛹一樣。更重要的是，肉體在人世只會隨時間經過越來越老，但靈體不是這樣。所謂靈體的成長不是指年歲變大，而是指不斷往更完整的方向發展。人的靈體是在人生的最高峰當中成長完畢的，這種成長所靠的糧食就是愛，並且只能是愛。

所謂天堂與地獄，乍看之下像是指身處的外在環境，實際上決定於靈體本身的完成度。在人世生活時能夠實踐愛的靈體，到了靈界會變得很美麗，並持續往更完整的程度去發展。在人世沒能實踐愛的靈體生命力會萎縮，外型會變得醜惡，而且等於自己選擇了地獄。史威登堡反覆強調了幾千次的教訓，就是指這種靈體的變化。基本上招致這樣的結果，可說是在人世生活時自己決定的。

充滿愛的靈體會達到美的頂點，臉上、身上、衣裳上都會散發出絢爛的光彩。這樣的靈體會在天堂享受永生，透過愛與靈性智慧繼續發展下去。隨著時間的過去，這些靈體會變得更美麗、更年輕、更優雅。能完全陶醉在天堂的幸福中永生下去的並不是肉體，而是靈體。

史威登堡在天堂遇見的那一對夫婦就是這樣的人。他們會越來越閃耀青春之美，並永遠幸福地生活下去。

第四章 死亡就是搬家去靈界

死亡不代表永遠消滅

無論過去還是現在，死亡都是人類最恐懼的對象。不過從史威登堡看來，這樣的恐懼可以說是來自某種程度的無知，源自於對死後會發生什麼毫不知情。晚上小孩子要回到自己房間的時候，如果房間裡沒開燈，孩子會大喊：「媽媽，好可怕！」但白天小孩卻不會這樣。小孩的恐懼來自夜晚的黑暗中看不見前方。死亡也是一樣的，因爲不知道死後有什麼在等著自己而懼怕。如果能確知死後情形，自己會變成怎麼樣，情況又會如何呢？這樣一來，還會恐懼死亡嗎？不會的。知道的人能夠以平靜的心迎接自己的死亡。

海倫．凱勒這麼談過死亡：

> 史威登堡針對死亡，以及伴隨著死亡的離別之苦帶給我們的訊息，能讓我們的恐懼一掃而空。我現在能夠踏著勇敢的腳步，向自己的墳墓走去。因爲我確信死亡之後有些什麼。我已經不害怕死亡了。我很清楚，死亡代表的就是重新誕生。

海倫・凱勒說，死亡就是新生。就像我們從母親的子宮中誕生到這個世界一樣，我們未來也會從地球子宮誕生到靈界去。

史威登堡通過靈界探險體驗到，曾經誕生在這個肉體世界者，一個也未曾消滅。人類以為走進墳墓一切就都結束了，但其實所有人都還存在於宇宙中而並未消失，只不過將會腐朽的肉體遺留在世上罷了。

史威登堡也算是瑞典王室貴族的一員，與王家的關係十分親近，幫瑞典好幾個國王或女王都做過事。有一次他進了靈界，遇見了去世才十五天的瑞典國王卡爾十二世。

國王看到了史威登堡，既驚訝又高興地跑來，接著就開始悲嘆：

「老弟，怎麼會發生這種事！我聽說我死了，葬禮也舉行過了，我耳朵還聽到葬禮的鐘聲。怎麼會變成這樣？我明明就在這裡好端端地活著，居然說我死了？怎麼會這麼莫名其妙？我現在不是在這裡跟你面對面說話嗎？」

史威登堡對不願承認自己已死的國王說：

「陛下啊！您現在已經不是待在人世，而是在靈界中了。您現在的身體也不是肉身，而是靈體了。人世是爲您的肉體舉行葬禮。但是陛下啊！您還是活著。您已經離開人世，生活在靈界中了。您現在已經沒有肉體，有的只是靈性的身體了。」

就算聽了這樣的解釋，國王還是拚命搖頭否認：

「你說什麼鬼話！我明明就活著！我以前跟現在根本沒分別！我說我還活著！」

史威登堡也曾在靈界遇過科學家老友。兩個人見面非常興奮。

「史威登堡，你也死了，才會來到這裡吧？」

「我現在也是用靈體來到這裡，但我的肉體還活在人世。我很快就會回到我的肉體去！」

「朋友，我很明顯已經死了。可是我以前一直以爲我的身體被埋掉之後，就會永遠消失掉。我的家人也是這樣認爲的。可是我明明又還活著啊？而且還是個完完整整的人！我有一件事要拜託你。等你回到人世後，請你幫我傳個話給我的家人，就說我沒死，而且還活得很好，請他們不要擔心。」

脫離了人世的肉身來到靈界的大部分靈對於自己已死、已來到了另一個世界，都沒有什麼很實際的感覺。世上幾乎所有的宗教或心靈組織都告訴我們死後還有生命存在、有永生，但他們並不認爲靈體還跟肉體一樣擁有各種各樣的感官。一般都會說死後的靈魂就像幽靈或妖精一樣毫無實體地飄盪，跟風沒什麼兩樣。

這是很大的誤解。人們到了靈界之後，普遍都覺得跟在人世的生活沒有什麼不同，很難實際感覺到自己已經來到靈界了。這是因爲所謂「中間靈界」（死後最初去到的地方）的環境跟肉體存在的世界非常相似。

史威登堡說過，人類的靈體與肉體是一樣的。沒錯，基本的設計完全一樣。只不過靈體可能比肉體更完美。肉體擁有的感官，例如視覺、聽覺、嗅覺、味覺、觸覺等，靈體也全部都有。可以思考、擁有喜怒哀樂的情緒這些也都一樣。

比起肉體的感官，靈體的感官敏銳纖細完美到超乎想像的程度。物質構成的肉體會按照物質的自然法則衰老、毀損、生病，有種種不完美的地方，但靈體不會老、不會消耗、不會生病，也不會有各種殘疾障礙。這是因爲靈性的身體是按照永恆世界的法則活著。

即使人待在物質世界的時候，靈體一樣是人的主體。所有的思考、理性、知識、判斷、喜怒哀樂等情緒都存在於靈體中。靈體一旦與肉體分離到靈界去，殘留在人世的肉體中就不會剩下任何生命力了。因爲生命力完全是在靈體裡面。

無比遼闊、永恆不變的世界

人類漫長的歷史以來，不知道已經有多少人去了靈界，加起來會是一個很大的數字。這樣下去靈界會飽和嗎？不會的。靈界的空間是無限的。而且人口密度越高，靈界也會越完整。靈界是無限大的。

史威登堡留下的記錄中最重要的內容之一要點如下：

靈界存在於造物主的秩序之下，天堂就是人類終極的故鄉。那個世界就猶如將造物主當作國王來侍奉的王國。人類打從一開始就被創造成永遠不滅的存在體。人類並不會死亡，只不過是會經歷從人界遷移到靈界去的過程。人世將這件事稱爲死亡，但其實這沒什麼好恐懼的。就像人從媽媽的母胎中誕生到這人世來一樣，人也會從人世誕生到靈界去。所以自從有人類以來，誕生到世上的所有人連一個也沒有消滅。

壽數由天定

史威登堡身上曾經發生過這樣一件事。

那是他身爲靈能者在全歐聲名大噪之後的事情。有一天，他在一場聚會中受邀發表演說。演講結束後，有人問史威登堡：

「史威登堡先生，您能不能說出今天在場者中誰會最先死？」

史威登堡猶豫一下。到底該不該回答這樣的問題呢？可是在場的人都急待他回答。當獲得不管答案是誰大家都不介意的承諾之後，他就開始與靈界溝通。一段時間後，史威登堡突然將眼睛睜開，對著聽眾說：

「這裡有一位歐洛福森先生，會在明天凌晨四點四十五分去世。」

聽到這句話，所有人都大吃一驚，引起一陣騷動，個個面面相覷，臉上都掛著無法相信的表情，因爲那位歐洛福森既年輕又十分健康。

歐洛福森本人拚命壓抑自己的不快，故意呵呵大笑說：

「史威登堡先生，您這玩笑開得太過火了吧？」

聚會結束，大家也沒把史威登堡說的話當一回事。

第二天清晨，就在前一天史威登堡預言的時間，歐洛福森突然心臟痲痺而死。

知道這整件事的人當然都訝異得無話可說。

史威登堡對那些人說：

「我並不是什麼魔法師。只是我很清楚人的壽數由天定，所以去靈界問了問答案而已。」

在這件事過後，史威登堡決心除了預言自己死去的日子以外，再也不去提其他人的死期。

臨終的瞬間，一切痛苦消失

臨終的過程到底會如何？這是人們最關心的事之一。人們迎接死亡的方式千差萬別，雖然大部分都是年老患病而離世，但在無比複雜、擁有各樣風險的世界中，不能在病床上走向人生終點的情形也不少。

其中一個例子，就是戰死在沙場上。有的人在想都沒想到的瞬間，就突然中

彈倒地。此外，各種事故天災，或是因犯罪而死。在這一切的死亡型態中有個共通點，就是幾乎沒有誰是心甘情願死的，唯一的例外就是自殺。自殺是一件絕對做不得的事，因爲這種死法將會帶來超乎想像的不幸。

很多情況下，死亡都會帶來巨大的痛苦。可是肉體的痛苦在靈體眞正離開前一定會消失，接著就是無法用語言形容的平靜會到來。這種平靜在人肉體活著的時候根本不可能感覺過。與世上眾人想像的「死亡必然伴隨痛苦」不太一樣，甚至還能感受到升上天堂的喜悅感。

肉體在臨終時似乎是處於昏迷的狀態，但同時臨終者的靈體感官也開始清楚明晰了起來。這時臨終者可以感受到有某些家人或醫生之外的訪客來到自己身邊。那是靈界派來領路的靈，一般都會出現兩個，偶爾也會有四個靈一起到來，兩個站在臨終者的頭旁邊，另外兩個站在腳邊。

不管臨終者是誰，靈界一定都會派領路的靈體過來，這件事毫無例外。這些領路的靈都是天堂的善靈，他們的使命就是先用溫暖的愛包圍臨終者，讓臨終者感到平安。這時臨終者與領路靈會展開對話，身邊的家人、醫師、護士都無法得知。

領路靈會等待臨終者嚥下最後一口氣。等到醫師宣布臨終者已經過世，家人嚎

啕大哭時，領路的靈會幫忙臨終者的靈體從肉體中分離出來。如果這個人是躺在床上，那麼他的靈體就會脫離肉體而坐起來，但肉體還是一樣留在床上躺著。他這時已經不會再感受到任何痛苦，而會嘗到升天的喜悅心情。

他的靈性感官會漸漸甦醒。肉體的感官感覺會消失，靈體感官慢慢打開，以前感知不到的靈性世界慢慢展現在眼前。這種感覺跟電視切換頻道差不了多少。原本看的是黑白的畫面，但突然身邊出現了色彩，看到了一個完全不同的嶄新世界。

這時原本的臨終者已經成了靈。分離出來的靈體將在領路靈溫暖的照護下走下床，或者漂浮到天花板附近。此人可以從天花板處往下俯視自己的肉體（其實已經可以說是屍體了），他不會感覺到痛苦或可憐。他可以看見在一旁嚎啕痛哭的家人，有時也能看到醫生還在對自己進行急救等措施。

這個靈體還可以聽到身邊人們的對話，甚至聽到醫師對家人們說「他已經去世了，請節哀」之類的話。有些靈會覺得家人哭得這麼慘很可憐，但自己卻不跟他們一起痛苦。領路靈會留在那裡幫助他，直到整個過程結束。脫離肉體的靈與領路的靈此時可以自由對話，並觀察對方的情緒。不過這對話當然是透過思想與概念的交換達成的，而不是透過語言。

脫離肉體的靈心情十分輕鬆愉快。靈體輕盈到好像可以飛到天上，產生了一種恍惚般的狂喜。領路靈準備好要將過世者的靈帶到靈界去，領路者會抱住靈體開始往上飛翔，脫離肉體的靈會在極度喜悅中進入靈界。剛去世的靈體最初到達的地方，就是所謂的「中間靈界」，也可以說是肉體世界與天堂的中途站，也屬於靈界的一個部分。

只看在人世愛的成績

有時去世的靈會與領路靈互相感到不合，不知該說頻率不合，還是此人的靈性水準不夠？總之，去世者靈性上的位階還沒達到能受天堂來的領路靈帶領時，就會發生這樣的情況。領路靈都是最高水準的善靈，都屬於天使的等級。

若去世者靈性的水準不夠，他會感到不舒服而拒絕領路靈的帶領。如此一來，第一批領路靈就會離去，讓另一批領路靈過來。如果這時水準還是不夠，還是一樣拒絕，那麼第二批領路靈也會離開，再讓級次更低的領路靈過來。有時會連換好幾批領路靈，而最後的一批就會將脫離身體的靈帶到地獄去，因爲證明了此人的靈性水準是屬於地獄的。

不斷換領路靈的過程中，去世者的靈沒辦法脫離人世的物質世界，最長可以拖到三天。人的靈性位階其實是由他在世上時付出愛所做的行爲決定的。換句話說，所謂好人與壞人，也是看是否付出愛來區分的。

人們在世的生活漸漸形成進天堂或地獄的資格條件。不管是善人還是惡人，死後都會被領路靈帶到中間靈界去，不過爲每個人領路的靈都不一樣。

第五章

天堂與地獄之旅

天使引導的天堂之旅

史威登堡所體驗的天堂，到底是怎麼樣的一個世界？那是我們能透過知識來體認的世界，還是能透過思考想像描繪的世界？

史威登堡數量龐大的靈界著作中，有很多地方都提到他訪問了天堂的某處。他去過凍土般冰冷之地，也去過熱帶國度，還訪問過居住了許多古人的地方。重要的是，他筆下的天堂並不是千篇一律的，會隨著時代的變遷而變化。

在耶穌基督降生之前的遠古，並不存在最高階的天堂。那些能進天堂的古人都按照他們在人世時的文化，搭起潔白美麗的帳幕住在裡面。隨著人世的文明發展與變遷，天堂社會的環境也會隨之變化。

書中所說的天堂，明顯是耶穌降生以後的天堂。史威登堡曾經在那裡看過耶穌顯現，那就是過去兩千年中建立起來的新約時代的天堂。

耶穌在十字架上承諾釘在右邊的強盜可以進入的天堂，稱作「樂園」。

耶穌對他（跟耶穌一起被處死，釘在耶穌右邊十字架上的強盜）說，我實在告訴你，今日你要同我在樂園裡了。（〈路加福音〉二十三章四十三節）

可知耶穌進入的也是稱爲樂園的天堂。聖經的四福音中耶穌提到過無數次的天堂，也就是這個樂園天堂。

因而史威登堡口中的「天堂之旅」，也就是前往這樂園天堂的旅行。天使對史威登堡提到，當時最高層的天堂仍然是空的，要等到人世天堂完成之後，人類才能進入那個毫無錯謬的天堂。耶穌按照約定再臨到人世之後，最高層的天堂才能建設起來。

某次雞鳴前的清晨，史威登堡還在呼呼沉睡著，迷迷糊糊聽到有一個聲音從很遠很遠的地方呼喚著他的名字。一瞬間之後，那個聲音就到了他的耳邊，聲音大到簡直要喊破他的耳膜。史威登堡被嚇得坐了起來，環顧一下四周，有個天使正站在他的床邊。

「眞讓我嚇了一大跳！我還以爲引導天使您在很遠的地方，怎麼這麼快就來到我身邊了？」

引導天使大笑。

「剛才我的確在你想像不到的遠方，幾千萬里之外。我之所以會這麼快到這裡的原理，你好像還不太清楚。不過如果你對靈界有些了解，就不會像現在驚訝成這樣了。」

「是啊，我眞是非常驚訝。可是您爲什麼這麼早跑來找我？」

「史威登堡，今天神下了一個指示，要我帶你到天堂去看看。我接受了這個任務，所以來到這裡。」

史威登堡已經去靈界參訪過很多次，這時聽到可以去天堂，他還是精神爲之一振。

史威登堡很快就作好了出去旅行的準備，就利用「模擬死亡」的技術讓自己脫離肉身。之後，史威登堡就進入靈界，成了與天使沒什麼差別的靈體了。

由愛與喜悅構成的世界

史威登堡得到引導天使的幫助，朝上飛升。半途時，引導天使讓他停下來，說：

「史威登堡，看一下那裡吧。遠處有一條猶如水平線的東西，還有白雲浮在那裡，看到了嗎？」

史威登堡注視了一下天使所指的地方，果然看到空中有一條猶如水平線般的線，上面有些雲飄著。雲與線之間可以看到長滿美麗花朵的花園，還有許多建築物，以及爲數眾多、穿著潔白衣衫的天使。

「看到了。那裡是哪裡？」

「請先別動，然後望向更高的地方。那邊有另一條水平線，看到了嗎？」

史威登堡再次專注地朝更高的地方望去，果然在那個美麗的世界之上看到了另一條線，上面也有美麗的都市與田園風景。

「是的，看到了。那裡又是哪裡？」

「史威登堡，你要不要再看看更高的地方？將頭抬得不能再高。是不是又看到了什麼？」

史威登堡按照指示將頭抬得不能再高，又看到了另一條水平線，上面有美麗的宮殿，發出無法直視的光芒。

「嗯！看到了。那眞是美麗到讓人迷醉的情景啊！」

史威登堡興奮不已，引導天使立刻對他說：

「史威登堡，那就是天堂，也是你現在要去的地方。我之所以在這裡要你看天堂的全貌，是要讓你清楚天堂是立體的，分成三個層次，最上面的就是層次最高的天堂，我們叫它第三天堂。在中間的是第二天堂，而你最早看到的是第一天堂。這三重天都是天堂，都發出了強烈燦爛的光來。」

引導天使繼續說：

「第三天堂就是神所待的地方。那是離神的愛和眞理最近的地方。愛就是熱，而眞理就是光。所以第三天堂也是神的光與熱最強烈的地方。第二天堂也在神的眞理與愛之下，但程度不像第三天堂那麼強。而第一天堂又比第二天堂層次再低一點。

「我們把各個天堂中生活的靈都稱爲天使，不管他們身處哪個天堂，都會享受到永恆的喜悅與幸福。這是充滿幸福喜悅的地方。天堂是這樣立體的，而上下天堂之間基本上不存在交流。」

接著史威登堡就與引導天使站上了第三天堂的一隅，展開在他們眼前的是一片超越世人想像的美麗光景。史威登堡望著那景象，讚嘆到忘了自己的存在，看得發呆時，引導天使只是含著微笑，在一旁靜靜等待著。

「啊！果然是天堂！誰住在這裡呢？」

最先映入史威登堡眼簾的，是以莊嚴華麗無比的宮殿爲中心的都市街景。宮殿屋頂上有金色屋瓦閃耀，牆面與地面上則裝飾著各色各樣的寶石。

進入宮殿內部之後，豪華燦爛到極致。殿內的房間、大廳、接待室、寬敞又筆直的走道、各種裝飾……史威登堡根本不知該如何形容其華美壯麗。宮殿的南方是一個被稱爲樂園的庭院，無盡地向外延伸，裡面長滿了綻開的白花與果樹，好像有感情一樣互相和諧地生長著。

第三天堂最爲驚人的特徵，就是眼中看到的一切都市整體，都美麗莊嚴得無與倫比，每一樣東西也都發出各自不同的光彩來。宮殿周圍是天使居住的市區，其美麗精巧與宮殿相比毫不遜色。

進入天使們生活的住宅一看，每棟都有多個房間，包括起居室與寢室。餐廳中放了金銀裝飾的桌子，上面放著的各種珍稀水果發出成熟的芳香。住宅的結構跟人世的高級住宅沒什麼兩樣，只不過它們明亮好看的程度是世上建築不能比的。天堂的住宅周圍一定有庭院，庭院裡一定有花、樹木及葡萄園等，生機勃勃。

天堂的居民，也就是那些天使居住的區域是很有規畫秩序的，其間相互連接的道路不像世上的柏油路，而像是鋪了絨毯一樣。遠處有青山綠水，也可以看到農田與牧場。

家家戶戶都住著幸福的天使，他們都高興地迎接史威登堡的到來。看到這些對自己問好的天使親切的微笑，史威登堡實際感覺到「這裡果然是天堂」！他覺得就如回到自己家一樣平安舒適，而且好像遇見了自己的親人一樣高興。

這些靈穿的正式服裝與人世不同，是一種像長袍的衣服，上面有著精細的刺繡，而且到處都有光芒耀眼的寶石。靈的衣服底色通常都是雪白，映照出光彩。每條街道上都充滿了光，而靈的臉上都充滿了幸福。

最令史威登堡驚訝的是，天堂竟沒有看起來像老人和小孩的靈。天堂的靈每個看起來都像二十歲左右，家家戶戶都是以夫妻爲單位，生活在愛的甜蜜與喜悅當中。

那裡的女性天使美到超塵脫俗的地步，史威登堡認爲世上的任何畫家都畫不出那樣的美。天堂的美不是源自於化妝或整形那種外在的美，而是從內在煥發出來的本然之美。

路上行經的天使行動溫柔有禮，個個洋溢著活潑生氣。史威登堡遇見到的所有天使，雖然都是剛見面，但就好像認識了十年以上的老友一樣，彼此感覺極爲親切。

引導天使終於開口：

「看到了嗎？史威登堡，第三天堂是充滿了崇高的愛與人格的地方。天使就是眞理與愛的化身。在這至福的世界，所有人都時時沉醉在天堂的喜悅裡。」

引導天使想了想，又說：

「你要知道，天堂的人心目中最好的生活與世人所想的大爲不同。世人的快樂享受主要是來自感官，也就是眼、耳、手觸帶來的感覺。但天堂的喜悅完全是從內在發出來的，它不是物質的享樂，而是靈性上的歡喜與幸福。

「天堂之所以這麼美好迷人，就是因爲天堂的人心中充滿了美好的愛。他們的外在與內在是完全一致的。其實天堂裡所有的外在的環境，也只是他們內心投射出來的表現而已。外面的一切美好，都只不過是像鏡子一樣映照出他們的內心。」

愛與真理的王國

引導天使解釋：

「你看到的這個第三天堂，也可以稱作神性王國；下方的第二天堂，可稱爲精神王國；更底下的第三天堂，則可稱爲自然王國。神性王國、精神王國與自然王國合稱天界。

「統治靈界的制度永遠都是君主制。天界是人類永恆的母國，這裡的君王就是造物主——神。用統治這個詞形容，也許有人會覺得很奇怪。但只要是人構成的組織，不管型態爲何，都必須有相應的管理制度。就像人世有著很多進行治理的機關一樣，只不過天堂的統治方式與人世是完全不同的。神與天堂子民間的關係，既是君王與臣民的關係，又是父親與孩子的關係，而用來統治的根本法則就是愛與眞理。」

天使又說：

「如果要說明剛才提到的三個王國有何不同，我會說神性王國的靈全都是愛的化身，而精神王國的靈則將重點更放在眞理上。自然王國則是不牽涉到宗教，讓人依良心與道德過活。

「神性王國中的天使能直接感收到神的愛，並加以實踐，所以也可以說是『愛的王國』。精神王國則是先用理性去接受神的道，理解後再去實踐者住的地方。就因爲此處居住的是以理智去理解神的眞理者，所以也能稱作『眞理王國』。

「換個方式說，在神性王國裡面的靈可以直覺接收到神的意思，所行的一切都基於愛，等於是『愛的化身』；而精神王國裡面的靈則是透過理解神之道來規範一切的行爲，等於是『眞理的化身』。

「第一天堂之所以被稱爲『自然王國』，是因爲那是與人界最相似的世界。然而它依然不是物質世界，而完全是靈界。在世上時沒有信仰、不認識神的善良者若能持守良心與道德來生活，就會來到這裡。不認識神並不是他們的錯。他們在進入靈界的同時會受到關於造物主的天堂教育，而體會天堂之道。第一天堂會張開雙臂歡迎他們，如果認爲只有基督教人士能進入天堂，其實是種錯誤的想法。這自然王國也可以被稱爲『道德王國』。

「靈在天界會接受大量的教育與訓練，這一切會由在智性與理論方面特別強的精神王國天使負責，他們從神那裡得到了自由往來第一天堂與第三天堂的特權。但天堂最棒的榮耀與喜悅還是在神性王國之中。」

講完，引導天使就在前面帶路，下到精神王國去。

光從外觀上來看，精神王國與神性王國有很大的差異。但精神王國裡面的那些天使也都個個面帶幸福表情，享受著喜悅。

之後引導天使又將史威登堡帶到第一天堂，也就是自然王國去。這裡與精神王國比起來也有很多差異，但無疑也是世上萬民憧憬的天堂。

如果用光明程度去說明這三個階段的差異，那麼第三天堂應該是完全充滿了光，第二天堂就沒那麼亮了，但即使到了更加不亮的第一天堂，亮度也還是超過人界太陽的數十倍。就算是從第一天堂下到人界來，也會感覺四周十分陰暗模糊，猶如一切都是用陰影構成的一樣。

引導天使說明道：

「如果再往下走，就會到達『中間靈界』。人類剛脫去肉身時，靈體最先到達的地方就是中間靈界。中間靈界介於天堂與地獄之間，所有新到的靈都會先在中間靈界適應天界的生活，顯露出自己的眞面目，然後才會到自己永久的最終定居地，也就是天堂或地獄去。」

等了一陣子，引導天使又說：

「我也接到帶你到地獄去的指令。如果要去地獄，需要一些特別的準備。等你明天都準備好了之後，我再來帶你過去。」

史威登堡對引導天使表達了感謝。

當天史威登堡回到自己的肉身後，連忙翻開自己的日記本，將先前的驚人經歷統統寫了下來，鉅細靡遺地記下這趟天堂之旅的體驗。

地獄是憎恨與敵意的地方

在描述史威登堡的地獄體驗記之前，我們先引用一下他遺言中的幾句話：

世人必須知道，他們看不到地獄是件多麼幸運的事。因爲看到的人幾乎沒有不發狂的。我因爲受到了天使的特別保護與照顧，好不容易才能撐過來。

天堂與地獄都爲史威登堡帶來了極大的震撼。對天堂的震驚內容都是美好的、迷人的、充滿喜悅與愛的，而地獄卻是讓他渾身顫慄，恐懼到動彈不得。所以神才會在人界與靈界間立下了無法逾越的嚴格界線，將兩個世界明確分開，讓一般人看不到地獄。

史威登堡斷言，世人如果體驗到天堂或地獄之後回來，就不可能再過正常的人世生活了。我們一般人透過他留下的靈界作品來間接理解那些地方，恐怕就是最好的辦法了。

隔日，引導天使與另外兩個天使一起到了史威登堡的身邊，史威登堡訝異地問道：

「今天來的天使不只一位啊？」

引導天使回答：

「這是因爲要進地獄去必須有特別的準備。今天就由這兩位守護天使來保護你。」

「地獄眞的這麼危險嗎？」

「去了就知道。」

飛入地獄的過程，與飛上天堂完全無法比較。一路上是廣大無垠的沙漠、看不到盡頭的冰山，還有找不到一點生命痕跡、光禿禿的裸露岩山。從接觸到那蕭索又充滿殺氣的氣氛開始，就已經讓人有了地獄的感覺。

終於來到了一塊岩壁前，四方能看到的就只有沙漠與高聳的冰山，卻感覺不到任何靈的聲息。

引導天使說：

「史威登堡，跟我來。我們接下來要走一段非常難走的路。」

史威登堡跟著天使們走向岩壁，發現了剛才沒看到的一個洞穴，洞口的門是開著的，裡面十分黑暗。他們站在那裡等了好一陣子，漸漸習慣了四周的黑暗，開始看到有往下的階梯，史威登堡小心翼翼地走下去，發現眼前出現了一個廣場。剛開始他還以為那廣場並不大，但仔細一看，其實廣場往四面八方延伸出去，盡頭在遠處看不見的黑暗中。

他們走了好長一段路，才開始聽到人聲。穿越黑暗到聲音的近處一看，有些衣衫襤褸、面貌凶惡的靈在那裡，圍成一圈坐著，聽一個巨人滔滔不絕說著激烈的言論。當眼睛完全熟悉黑暗後，仔細一看，圍成圈坐著的那些靈，背後還有一群暈殺氣騰騰的地獄居民聽著巨人說話。

史威登堡為了看清楚些，將脖子伸長，卻突然「啊！」的一聲慘叫，緊閉雙眼，身體晃動得差點倒了下去。還好身邊的守護天使扶住了他的雙臂。之後，史威登堡睜大眼睛，整個人呆住了。因為他完全分不出對方到底是人，還是野獸。

圍繞在四周的地獄靈，眼睛通紅，彷彿隨時會噴出火來一樣。史威登堡聽過和惡魔相關的事情，也看過地獄相關的畫作，但直接目擊實況是遠遠超乎凡人所能想像。

這些靈體的樣子看起來已經不像是靈，個個奇形怪狀。有的眼睛的地方只有兩個深深的洞，眼眶看起來像個骨頭框；有的一邊臉頰已經完全脫落，剩下了半邊臉；有的齜牙裂嘴，發出動物般的叫聲拚命狂笑；有的頭髮都不見了，但全身卻長滿了長毛。

最嚇人的就是站在中間被其他地獄靈包圍、不斷說話的巨人。他的身高是其他地獄靈的兩倍左右，雙眼就佔了整張臉的一半大，裡面充滿了憎恨與敵意。嘴巴像是條裂縫，延伸到兩邊耳朵底下，像蛇般的紅色長舌頭一伸一縮，口中也瘋狂怪聲的，不知道在說些什麼。

目睹這一幕，史威登堡心中的恐懼與驚嚇已非語言所能形容，當下他才了解這趟地獄體驗爲什麼需要有守護天使在身邊保護。史威登堡緊咬牙關，下腹用力，好不容易睜開雙眼。他有了心理準備，知道爲了使命，自己絕對不能在此昏過去。

引導天使看到史威登堡的反應時說：

「現在他們在調教這些新加入的地獄靈。那裡圍成圈坐著的，就是剛加入地獄的新人，後面則是地獄原本的居民。」

在恐懼中史威登堡還是鼓起勇氣，努力傾聽巨人說話的內容。巨人用刮鐵般那種令人難受的聲音，響徹洞穴地說：

「你們這些傢伙！你們這群幸運兒！今天起加入了地獄，你們清不清楚自己獲得了永遠留在地獄生活的殊榮。你們的使命就是以我們爲榜樣，去引誘世人，將他們引導到這個黑暗世界來。如果做得好，就會受到永生的祝福，也會得到快感與趣味。嘗過這滋味後，你們就知道地獄是多好的地方！歡迎並祝賀你們來到這裡！」

圍坐著的靈聽了巨人的話，都高聲歡呼起來。突然巨人望向史威登堡的方向，用手一指，大喊：

「你們看看站在那邊的幾個傢伙，他們也是靈體，就算看起來再凶惡，也用不著害怕。把他們抓來當作你們的奴隸，隨意使喚他們吧。從現在起，他們就是你們的奴隸了！」

地獄靈間再次響起歡聲，全都瞪著史威登堡與幫他領路的天使。惡魔般的巨人還指著史威登堡大叫：

「你這傢伙過來！站到這個圓中間！我來檢驗你一下！」

史威登堡聽到巨人的話，恐懼萬分，同時也覺得異常屈辱。惡之化身的巨人又再朝著史威登堡大喊：

「你這混蛋！居然敢不過來？我叫你過來！喂！你們去把他抓過來！」

聽到巨人的話，地獄靈一下就朝史威登堡撲來。

「嗚！我死定了！」

史威登堡被嚇得渾身亂顫，這時突然響起了雷聲，前方的岩山裂開，大大小小的石塊紛紛從天而降。史威登堡看到這嚇人的一幕，不知不覺發出了「嗚哇！」的慘叫。旁邊的引導天使卻還是面帶微笑轉向史威登堡，平靜地說：

「史威登堡，不要擔心。這場小小的地震是我引發的，爲的是趕走地獄靈。神能掌管地獄。就算地獄靈再狠毒，在天使或善靈面前也絲毫無法抵抗，就像陽光下的露水馬上被蒸發一樣。他們絕對傷害不了你的，別害怕，史威登堡。就算整個地獄的力量合起來，也比不上一個天堂天使的力量。天使光是用眼神盯著他們，就會使之動彈不得。更何況你是上天所選的使者，就算你是自己一人來到這邊，他們連你的一根手指也動不了。」

聽到這些話，史威登堡才安心了一點。他這次的地獄初體驗，實在太過沉重嚇人了。

引導天使接著說：

「地獄也跟天堂一樣廣大無邊，沒有一處是完全相同的。地獄也一樣分三層，這裡是第一地獄，下面還有第二地獄與第三地獄。第一地獄是痛苦最輕的地獄。底下還有可怕得多的地方。居住在第一地獄者稱爲惡靈，第二地獄者稱爲惡魔，第三地獄者稱爲惡鬼。」

史威登堡振作起精神，去觀察四周的地獄環境。天使繼續說明：

「地獄的一切，都與天堂完全相反。在這裡善就是惡，眞誠就是僞善，愛就是恨。地獄的靈很敵視天堂的靈，憎恨到會出手去傷害。下去看看你就知道了，在地獄，自己的欲望就是神。在這裡害人、讓人痛苦就是快樂，只要有誰不想受強大地獄靈的控制，就會遭到嚴刑拷打。然而這裡一樣是受造物主的法則支配，對他人過度的傷害與拷打還是會受到天堂天使的制止。

「任意施行過度殘暴的行爲者，會受到上天的處罰。這裡沒有所謂名譽、面子或情分可講，除了讓惡靈的身體痛苦以外，沒有其他方法可維持秩序。地獄才是眞正永恆的死亡。雖然靈體不會死、不會消逝，但進入地獄就等於靈性永久死亡。史威登堡，我們下去看看第二與第三地獄吧。」

人的內心就像天堂與地獄

一行人又走下了無數階的樓梯，到達了第二地獄。那裡微微透出猶如炭火的紅光，一個長得怪模怪樣的地獄靈跳了出來，他背後跟著一些手拿棍棒或怪異工具的地獄靈，將這個想逃走的靈抓住，然後用極爲殘忍的方式加以拷打。

他們用棍棒重擊，用筷子般的條狀物插到對方嘴裡，用錐子刺對方的鼻孔與眼睛……隨後對面又有一些地獄靈成群跑來，兩群靈剛混到一塊，就開始凶狠地互相鬥毆起來。

引導天使說明道：

「地獄中的苦痛，並不是神施予的刑罰。他們是互相攻擊，互相給予痛苦。就像你現在看到的，這樣的打鬥在整個地獄中一天就有幾千萬次。此處充滿著自我中心、利己主義、自私、情欲的滿足。在這裡，他們的神就是欲望。」

再往下走到更低層，出現了像叢林的情景，裡面的地獄靈看來都跟禽獸差不多。最令人毛骨悚然的是擁有蛇一般的身軀，吐著蛇信，隨時等待攻擊他人的機會。這就是第三地獄，居住在此的靈都是惡鬼。

引導天使又繼續說：

「地獄中有件慶幸的事。因神與主的慈悲，地獄靈彼此看對方都還像是人，樣子不會像禽獸或怪物。但你今天是用天界之眼來看他們，才看見了他們的實像。

「來吧，現在我再帶你到一個地方去。第三地獄是與沙漠相連的，那無人沙漠底下，還有一個更特別的地獄，住的都是犯了淫亂的人。」

一到那裡，一股刺鼻的惡臭傳來，那氣味就像屍體與糞便混在一起，讓人作嘔。史威登堡不知不覺皺起了臉，捏住了自己的鼻子。

第三地獄的沙漠底下，隔離著生前犯了各種淫亂行爲者。那裡的人都穿著破爛的衣服，幾乎將身體的絕大部分露了出來。但他們裸露出的身體也不是一般人的身體，而都是畸形的，甚至整張臉都凹凹凸凸，醜得不像人形。

在那裡有娼妓村，妓女們妖艷的引誘著地獄靈。到處都可以聽到男女發出的怪聲，靈隨處追逐著，互相施以性暴行。他們互相撕、抓、咬、扯、踐踏著……這眞是筆墨難以形容的地獄中的地獄。那裡的人都因爲性欲而失去理性，狂亂地暴跳著。

史威登堡問領路的靈：

「爲什麼淫亂的地獄要特別隔離開來呢？」

引導天使語重心長地回答：

「這裡的地獄靈是被埋在沙漠的最深處，這蓋子是永遠不會打開的。一旦打開，這群惡鬼足以毀壞所有人世的一切！

「天堂與地獄都會各自對人界施加影響，但這種影響都遵循一定的規則。不管是天堂的天使還是地獄的惡靈都會尊重世人的自由意志。就像一場天堂與地獄互相搶人的戰爭。人在中間，一邊是天堂的天使，另一邊則是地獄的惡靈，兩邊互相搶人。無論走向哪一邊，最後都是由人的自由意志決定的。

「如果世人的心受到地獄惡靈的吸引，那個人最終會到地獄去，如果比較受到天堂天使的吸引，則最終會到天堂去。這激烈的搶人戰爭在人類歷史上從未間斷過。

「來地獄的靈之所以來這裡，並不是其他人的錯。他們都是自己主動過來的。不，應該說除了這裡，他們無處可去。很多人都認爲這些靈是因爲在人世犯的罪很大，所以神處罰他們入地獄，但這話並不對。愛與慈悲的化身——造物主並不願任何人入地獄。世人誕生的那一刻，都具備進入天堂的資格，而不是直接被預定要墮入地獄。

「天堂是廣大無邊的，神祕驚人之處在於人口越稠密，完整度就越高。然而隨著人世物質文明的發展，進入天堂的人反而少了，這種文明簡直成了妨礙人進入天堂的東西，因爲它的發展將人引向外在，更重視肉體上的一切。神對此甚爲惋惜。如果我說現在進入天堂的主流都是嬰幼兒，你相不相信？

「天堂的最高層幾乎是空的。神還在等待能進入天堂最高層的善靈出現。這可能要等到耶穌再臨人世才會實現。想要有所改變，人世必須要先產生變化才行。要促使人心改變，沒有比將靈界的眞相與法則告知世人更好的方法了。史威登堡，你接受的是能拯救眾人的重大使命。你一定要成功！」

天使深切期盼，希望透過史威登堡來改變世人。

第六章 死後最先到達的地方

你會成為天使嗎？

史威登堡的靈界探訪記錄中除了天堂與地獄之外，還有一個地方也很重要，就是「中間靈界」。史威登堡說中間靈界是人死後首先到達的地方，位於天堂和地獄的中間，所以不是天堂也不是地獄。雖然也有少數特殊的例外，但絕大部分的人肉體死亡後都必須經過這中間靈界。死後進入靈界的靈都是在這個地方接受審查，決定到底會成爲天堂的天使，還是地獄的靈。

這個中間靈界的環境與我們肉身生活的人世極爲相似，甚至沒什麼不同。那裡有天空，有青山綠水，有岩山與森林，有都市繁華街景與田園風光，與人間的相似度到了讓人都忘記自己已死的地步。因爲再怎麼觀察，也察覺不出此處與人世有什麼不一樣。視覺、聽覺、味覺、嗅覺、觸覺都非常清楚，而思緒、判斷、情緒也沒什麼改變。

「這到底怎麼回事？我不是已經死了嗎？可是感覺我明明還活著啊？」

說著這人可能會捏自己一下。

「哎唷！還是會痛，這不就證明了我還沒死嗎？我還好端端地活著！」

大部分剛進入中間靈界的人都還有這樣的錯覺。史威登堡在那裡遇見死去還不超過十五天的瑞典國王卡爾十二世也是如此。中間靈界中似乎就是將人世的環境原原本本搬過去而已。

對這一點，史威登堡在自己的著述中強調了很多次。人類只要在人世誕生一次，就永遠不會消逝。只不過活盡了人世的壽命之後，就像脫衣服一樣脫去人世的肉體，並遷移到靈界而已，就像破蛹而出的蝴蝶一般。

來到中間靈界的靈會漸漸發覺周遭開始起了變化。他們會想找自己還在世上的親人，但剛開始怎麼找也找不到，不過剛過世不久的爺爺奶奶、丈夫妻子或兒子女兒卻有可能出現。見到這些已不在世上，先到靈界去的親人，這人會嘗到重逢的喜悅，並且到此時才會驚覺「我果然已經死了」！

不過這人也會開始發現人的形貌稍微改變。剛到中間靈界的時候，爺爺還是爺爺的樣子，爸爸還是爸爸的樣子，孩子也還是孩子的樣子，跟在人世時的外貌沒什麼兩樣。換句話說，人剛變成靈體的時候，雖然已經沒有肉體，但樣子也還跟肉體差不多。也許可以這樣形容，剛到靈界時每個人的靈體就跟剛從模子裡倒出來一樣，還維持著人世的型態。所以在中間靈界中，要認出家人或好友並不怎麼困難。但到了要進入天堂或地獄的階段，人世的形貌就消失得差不多了。這是因爲人脫去了外在的自我形象，漸漸化爲自我內心的形象。

在人世生活的過程中，無論是誰都無法看見自己、家人或別人的內心型態。眞正的自己其實隱藏在內心的深處。所以在人世的時候即使是世界級美女，但如果內心的型態是屬於地獄型的，在靈界中就會漸漸變醜。反過來說，如果她的心是屬於天堂型的，那也會變得美到在人世無法想像的程度。外在的東西消失，就會讓人內在的東西完完全全展露出來。

進入天界者會重返青春。離開中間靈界，從此定居在最終的居留地——天堂或地獄後，容貌也會變得連親人都無法辨認出來。若跟家人都能進入天界，只要思念起對方，就可以互相見到面。不過如果是分別進入天堂與地獄，那麼就無法聯絡、交流、見面了。

當一家人同時在某場天災人禍或車禍等事件中離世時，全家等於一起搬到中間靈界生活，孩子會希望一直跟爸媽在一起，不想分離。其實中間靈界的生活也分爲三個階段，跨階段時也會帶來變化。從第一到第二階段，人會完完全全展現他們靈性上的眞面目，跟家人間的聯繫也會漸漸薄弱，形成全新的心靈紐帶關係。到最後，全家人都定居天界維持共同體的狀況其實很少發生。

就算是感情極好的夫妻，也很難在同一刻死去。除了突發事故以外，很難命運相繫到如此緊密的地步。即使過世的時間不同，但夫妻在中間靈界是一定會重逢的。如果兩人重逢非常歡喜、合彼此心意，在中間靈界的第一階段，仍將重溫夫妻生活。然而到了第二階段，各自的本性便將顯露出來。

如果在人世時互相以婚姻之愛來對待、能夠持守聖潔的夫妻，便可再續夫妻緣進入天堂；反之，在中間靈界的第二階段就會反目成仇，或至少對對方失去興趣，會自然分開走上自己的路，不再是夫妻了。

脫去外在的肉體

脫離肉體的靈進入中間靈界後經歷的三個階段如下：第一階段是脫去人世的外在型態；第二階段是顯露靈性的內在型態；第三階段則是接受進入天界的教育。

第一階段是脫去外在狀態的階段。在人世時，內在與外在是可以二分的。外在是肉體，內在就是靈體。死後到了靈界，就等於脫去外在的肉體，成爲完全靈性的實體。只不過剛到靈界時，感覺自己好像還有跟人世一樣的身體而已。

中間靈界的第一階段，人一樣可以分爲內在與外在。內在當然是純粹的靈體，而這裡的外在是指在人世時爲了與肉體結合而存在的靈體外部。所以即使到了靈界，外在還是可以遮蔽住內在，而不會讓內在馬上顯露出來。中間靈界的第一階段，也就是指脫下這靈體外部的階段，過程很像將鏡子上累積的長年污垢與灰塵擦去，讓鏡子的本體完全顯露出來一樣。

中間靈界有數量龐大的靈，而且每天都還有大量的新靈從人世來。一般停留在中間靈界的期間都各自不同，有些靈可能待不到一個星期，有些可能要待很多年，最長不會超過三十年，這是指整個中間靈界的期間，而停留在中間靈界的第一階段最多不會超過一年。

此一規則，還是有特殊的例外。有的靈一到中間靈界，就會被天使直接迎到榮耀的天堂去。這種情形非常少發生，如果在人世的時候就完完全全照天堂法則生活，那還是有可能發生的。這類靈在進入中間靈界時就已經發出天堂的光彩了，是在人世生活時就猶如在天堂生活的人。

也有些到達此處的靈在人世生活時，無論內在或外在都成了惡之淵藪，這靈很清楚就是屬於地獄的惡魔，也不需要經過中間靈界的程序，立刻會頭下腳上地墜入地獄，這也是因為他在人世生活時事事違背天堂法則。

那什麼樣的人會在中間靈界待很久呢？是在人世時內外不一的偽善者。他們很懂得偽裝自己，即使成了靈，還是不將內在展現出來。在中間靈界的第一階段，這些靈還是盡力偽裝，最後必須透過天堂派來的查驗天使來揭露。

史威登堡曾遇過一個靈，在世時寡廉鮮恥、無惡不作，但卻不肯承認，還裝成善靈。查驗天使透視了他，將他從小到大的人生歷程用電影般一幕幕放給他看，甚至連他本人都已經不記得的犯罪細節也沒漏掉。其中多的是淫亂與私通之罪。這靈就當場落入了地獄。

人世的所作所爲，在靈界都會顯露出來。那麼是誰做的紀錄，又是如何做的呢？也許有人認爲靈界有大量的電腦。其實靈界根本沒必要記錄個人的生活狀況。靈界本身就是一台大電腦，能記錄下所有的事情。人的一生不只被記在頭腦裡，也記錄在每個靈體的細胞中。所以查驗天使查驗時，看的並不只是人的頭腦，而是從頭到腳地毯式的查。

無論善惡、想隱瞞到死的事、想帶進墳墓的祕密，到時都會被攤在明亮陽光下。中間靈界的第一階段，各個靈會脫去自己的外在，讓內在開始慢慢顯露，最後完完全全彰顯。所以，表裡如一的人不管是善靈還是惡靈，都能很快通過第一階段，進到顯露自我的第二階段。

就像這樣，第一階段會將人外在的假面具或虛假做作都脫去，到後來，連外貌都會顯露出內在眞正的模樣。如果是善靈，那麼容貌將會越來越明亮年輕潤澤，而惡靈的面貌則會漸漸變得扭曲和醜惡。

這樣的現象，連《聖經》也非常明確、一針見血地說：

掩蓋的事，沒有不露出來的；隱藏的事，沒有不被人知道的。因此你們在暗中所說的，將要在明處被人聽見；在內室附耳所說的，將要在房上被人宣揚。（〈路加福音〉十二章二～三節）

只有在人世才有轉變重生的機會

人類社會猶如美好與醜惡混合而成的濁流。能在這樣的環境下，完全按照天堂的法則聖潔無瑕生活的人，可說是少之又少。無論是主動還是被動的，人們都常犯下大大小小的錯誤。世上眞有百分之百完美、絲毫沒犯過錯的人嗎？所以耶穌才會說：「我是爲了救罪人而來。」

重要的是，世人所犯的大大小小錯誤，都只能在人世得到原諒。一旦脫離肉身到靈界，在人世所犯的罪就永遠無法抹去。只要還在人世、還有肉身，就有懊悔重生的機會。

所以耶穌才要以肉身來到人世。人必須在帶著肉身的人界體會眞理、改變生活方式，不做會招致不良後果的事（在宗教經典中稱爲罪）。

所以耶穌初傳道時才會說：「天堂近了，你們應該悔改。」因爲機會只存在人世。脫離肉身之後，就沒有悔改與重生的機會了。

因此，才會強調人世生活的重要性，肉身還活在世上時，才是唯一的機會。如果自己過去犯下的錯想要獲得原諒，只在內心懊悔是不夠的，而要付諸行動才行，也就是要去付出愛、去行善。此外，還要有意識地遠離罪，努力過新的生活。

在天界中，愛就是生命。曾經有人問史威登堡：「在人世沒能把愛深深植入靈魂的人，到靈界後還可以悔改重生嗎？」史威登堡對此的回答是：「不可能。」

有些人相信，到了靈界就跟神更靠近了，不就更容易接收並體會到眞理嗎？他們認爲到時在靈界，從天使那聽取眞理，會更容易相信及改變生活方式，最終被天堂所接受。在與許多天使和靈溝通的經驗中，我可以很明確地說：死後沒有悔改重生的機會。有史以來，沒有任何一個靈魂成功在靈界改變自己的命運。

機會只在人界，還有肉身時才有辦法改變。要清償掉自己的罪，也只有在人世才有機會。不會有原本該去地獄的靈，運氣好跑到天堂；也不會有原本該去天堂的靈，運氣不好下了地獄，這種事連一次都不曾發生過。

對於相關的主題，史威登堡以下面這段內容作結：

想把地獄靈變成天堂的天使，會比將貓頭鷹變成鴿子、將蚯蚓變成極樂鳥還難。

天堂不是可以白白進去的。天堂是要在人世自己努力「賺得」的。

歷史上有個極端的例子。耶穌在各各他山頂被釘到十字架上，耶穌左右兩邊也各有一個強盜同樣被釘十字架處死。那時左邊的強盜嘲弄耶穌說：

「如果你眞是救世主基督，難道你連自己都救不了嗎？快從十字架上下來，救救自己跟我們吧！」

但右邊的強盜卻大聲責備左邊的強盜：

「你這傢伙！我們兩個受罰是應該的，因爲我們的確做了壞事。可是這個人做了什麼壞事呢？」

右邊的強盜又對耶穌說：

「耶穌啊！當你進天國時，求你記得我！」

耶穌轉過去對右邊的強盜說：

「今日你要同我在樂園裡了。」

最早跟耶穌一同進入天國的，並非追隨耶穌好幾年的大弟子彼得，也不是傳揚福音不遺餘力的使徒保羅，而是一個之前與耶穌素昧平生的強盜。殺人放火奪人財物的強盜，下地獄一百次也應該，但這個強盜成功抓住了悔改與重生的最後機會。他之所以能跟耶穌一起進入樂園，就是因爲在還具備肉身時遇到了耶穌，並且眞心悔改。

肉體就是機會。在人世才能擁有的肉身不只是我們的外在，還是靈魂成長的孵化器。我們一定要趁著還有機會時，盡量讓靈魂成長。若越來越多的人都能努力過著愛神愛人的生活，則人世的社會也會淨化到另一個完全不同的層次。

能在人世遵守天堂原則，就已經開始過著天堂生活，這些人在人世就已經是天堂人了。那他們死後，還會去哪呢？他們會從人世天堂直通到天上天堂。

在人世擁有肉體時，才能清洗掉自己所有的罪。

《聖經・創世記》有個故事：伊甸園中亞當與夏娃違反了神的誡命，吃下善惡樹果墮落後，發現自己赤身露體，便拿無花果葉遮住自己下體。之後的人類子孫都遺傳到他們墮落的罪，因而人近乎本能地遮掩住自己的私處，以維護顏面。差不多每一個人都有不願意被人知道的祕密或隱私，最後帶進墳墓裡。

耶穌曾經譴責文士與法利賽人說：

你們這假冒爲善的文士和法利賽人有禍了！因爲你們洗淨杯盤的外面，裡面卻盛滿了勒索和放蕩。你這瞎眼的法利賽人，先洗淨杯盤的裡面，好叫外面也乾淨了。你們這假冒為善的文士和法利賽人有禍了！因為你們好像粉飾的墳墓，外面好看，裡面卻裝滿了死人的骨頭和一切的污穢。你們也是如此，在人前、外面顯出公義來，裡面卻裝滿了假善和不法的事。（〈馬太福音〉二十三章二十五～二十八節）

世上的一生，會對死後的生活帶來極大的影響。並不是相信神與救世主，就可無條件進天堂。當然有信仰會是很有利的條件，其實世上所有宗教都有教導上天的秩序與法則，並間接讓人認識造物主的愛的法則，那也是一條走向天堂的道路。

天堂絕對不是基督教的專利。就算在人世不曾認識神的人，也不見得對於天道法則毫不關心。世上有許多人因種種原因不屬於任何宗教，因此，神才在人心中種下了良心。良心就是造物主派駐到人內心的「神之使者」。良心會教導人走向天堂之路，所以住在偏遠地區的未開化民族只要能持守著良心，天堂之門還是會為他們而開。

這就是史威登堡為人類傳遞「希望的訊息」。

心的狀態也就是靈的狀態

中間靈界的第二階段，是靈將內在實體徹底展露出來的階段。換句話說，就是人內心的狀態浮出表面的階段。心的狀態即靈的狀態。中間靈界的第一階段，靈脫去了所有外在東西後，讓人的本體明確顯露出來時，就是第二階段的開始。亦即，靈的內在與外在會完全一致，眞面目會在光天化日下完整呈現。

人的社會會受到面子與禮節等外在制約，所以很難完全照內心的想法來行動。就算有人因私利或對物質的愛，在內心中策畫陰謀或者害人的罪，也不會表露在外。家人的態度、眾人的眼光、社會的風俗習慣、輿論、世人的評價、名譽、未來利益、法律的刑責等因素，都會讓人不輕易表露自己行惡的動機。

有時虔誠的信徒，或聲望甚高的慈善家，內在完全是另外一個人，脫去了假飾的外殼後，可能內在毫無良善可言。然而即使僞裝得高明，一旦進入第二階段，內心的狀態就表露無遺。

到中間靈界後，所有社會制約都煙消雲散了。在那裡，沒有讓人懼怕的法律刑罰、沒有喪失名譽的問題、沒有會損失的財產。基本上，那裡的靈處於完全可以自由行動的狀態。在這種情況下，善靈與惡靈的行動會有何不同呢？

來到靈界的善靈若完全進入內在的狀態，會有從沉睡中甦醒的感覺；或者像從陰影走向了光明，善的外在與內在合而爲一。這人接受了天界的光之後，內在的理性會更清晰，並以善的本心，也就是愛來行動。

前所未有的內在至福與天界的喜悅，充溢在思想與愛當中，那是與天界天使交流獲得的喜悅。這階段他們可以初嘗天堂的滋味。沒有比這更快樂、更幸福的時光了。

既然已經完全不受人世的形式、面子或禮儀問題所制約，這時靈更可以自由自在地讚揚神、沉浸在上天之愛中。這愛的深度廣度可以達到人世無法想像的極致程度，可以在完全自由的環境中盡情實踐對他人的愛。

由於已經不受外在的干涉、肉體的制約，在感性方面也變得極端敏銳。這敏銳的感受力，會讓嘗到天堂喜悅的興奮度強烈到恍惚的境地。

然而，惡靈剛好相反，在世時心中一直否認神或良心。在中間靈界的第一階段，他還可以裝成相信神、以良心行事，但到了第二階段，他害怕的一切社會制約都解除了，就會像瘋了一樣，開始做出許多沒人性的行動，形貌會變得近似怪物，雖然有著人的臉龐，但其實更接近於禽獸。

他內心隱藏的自私欲望會像火山般爆發。他會輕蔑、侮辱、嘲弄身邊的人，露骨地表現出憎惡與復仇心。沒有外在的強力制約後，他會肆無忌憚，爲所欲爲。

在他們身上連芥菜子般小的眞誠都不存在。根本無法預料他們在這個階段會做出什麼事。所以從這個階段開始，天界的天使會出面來保護善靈，只要惡靈越雷池一步就會立刻加以嚴厲處罰。

惡靈會明目張膽詛咒神。一聽到神這個詞，他們就憤怒得咬牙切齒；一看到善靈或天使，就恨得牙癢癢，生起憎恨與復仇心。在人世時罵不出口的話，現在可以公然開罵，之前遮遮掩掩做的事，也會公然行之。即使是在人世極爲有名望的人，也對毀壞自己的名譽毫不介意。惡靈會誇張到完全按照叢林法則來行動。

只有眞理與愛才能進去

史威登堡在中間靈界看過形形色色的靈。有些顯露自己本然的樣子而發出光來，有些則露出隱藏的醜惡，終生都無法脫離愚昧。

有一個靈，在人世時完全過著自我中心的生活，內心充滿了支配世界的欲望，利用自己的地位與權勢不斷追求名聲，進行的工作都不是爲了公益，而是想證明給大家看自己比其他人優越。

進入第二階段後，他那凡事喜歡計較、幼稚的特質表露無遺。他與最壞的惡霸狼狽爲奸，破壞靈界的秩序，對於不肯追隨的人則給予威脅或殘酷的懲罰。他做出越多自私行爲，就離天堂、神的智慧與愛越遠，最終墜入地獄。

有位宗教領袖死後進入靈界，他認爲天堂與地獄是歸自己支配，自己擁有赦罪的權力。他的瘋狂到了極點，認爲自己具有造物主的一切神性，還認爲自己是「基督」。後來他所站之處開始搖動，恐懼猶如黑暗般急速襲來。天使查驗時，這惡靈的腳下很快裂開一條縫，他就在原地頭下腳上地朝地獄墜落。

有個靈在人世是學識淵博的學者，畢生反對有關神的一切，並且否定倫理道德。進入第二階段後，他糾集了很多同類的靈，到處騙其他人如果追隨自己就能夠成爲神，擁有神的榮光——當中包括很多在世時地位很高的人、學者、知識分子，甚至宗教上的先知。

他們是一群對眞理和愛完全無知的人。如果除去他們身上的限制、讓其自由自在地行動，根本無法預測他們會做出什麼。查驗天使讓他們即時落入地獄，並加以隔離。

有個人認爲自己有知識與教養，用心學過神的道理、常參與教會的活動，所以當然可以進入天堂，受到比他人更優越的特殊待遇。他深信到天堂後，自己也能像星星一樣耀眼。

他接受了查驗天使的審查，天使很快發現他那些靈性知識只停留在記憶層面，而從未在靈魂與生命中扎根。那些知識只是死的知識，是他爲了將自己的主張正當化、證明一些虛假之事的傲慢知識。

天使對他說：「你所謂的知識簡直就是沾在你身上的髒污。」說完，馬上就將他送入地獄。

有一個靈充滿了信仰上的傲慢：

「如果連我都進不了天堂，還有誰進得了天堂？如果我都進不去，那也算不上什麼天堂！」

他認爲自己是虔誠的基督徒，一輩子都過著祈禱與苦行的修道生活，所以大言不慚地到處說自己一定會進天堂。

查驗天使爲了讓他從自己傲慢的信仰中脫離出來，先帶他到最低層的天堂去。當他來到第一天堂的某個入口，被天界的光照射到的瞬間，他覺得那光刺眼到看不見，理智也模糊了，只感到死亡般的痛苦。當他接收到天使散發出的愛，那熱度讓他的內在猶如焚燒般的疼痛。他根本受不了第一天堂，只能退回原來待的地方鬆口氣。

查驗天使對他說：

「我讓你進了天堂，你怎麼馬上就跑回來了？天堂不是放誰去誰就能進去的地方。只有眞理與愛扎根在肉身者，才能承受天界的光與熱。沒有愛的信仰根本算不上是信仰。兼具愛的信仰，才能讓人具有進入天堂的資格。要不要再去一次看看？天堂不會拒絕任何訪客的。」

「不，我不去了。讓我去我該去的地方就好。」

到了這時，此人才體會到眞正天堂的原理。

就像這樣，善靈與惡靈在中間靈界的第二階段會被明確地劃分開來。到這裡後，人世的人際關係與因緣都不具任何影響力了。在人世累積享有的地位、權力、名聲都成了無用之物，唯有自己靈體上的轉變能說明一切。這裡不需要什麼審判，也不需要辯護。走向天堂與地獄的岔路，並不是什麼外力強制規定造成的。在這第二階段，人會決定自己的方向與去路。

善良的靈會自動到天界、邪惡的靈會自動到地獄去，這都只是自然而然地到適合自己的地方去而已。無論是誰，都不會遇到形式上要去天堂或地獄的宣判。這就是聖經中所說麥子與稗子的比喻：

容這兩樣一齊長，等著收割。當收割的時候，我要對收割的人說，先將稗子薅出來，捆成捆，留著燒。惟有麥子，要收在倉裡。（〈馬太福音〉十三章三十節）

還有件事大家要銘記下來，就是在第二階段不管是善靈還是惡靈，半生不熟的果實是不會被採摘下來的，要等到善靈最終成為完全之善的結晶體，而惡靈最終成為完全之惡的結晶體時為止。換句話說，無論善惡都會在這第二階段結出果實，所以這個階段的滯留期間可能比第一階段要長很多。

人的一生有許多跌宕起伏，可能犯下很多大大小小的錯誤，但如果某人整體的傾向是善的，他就會被引導到善的方向。如果對他人善良的愛佔優勢，那麼他即使在人世犯過錯，也不會因此而受罰。

他的惡會消滅，且不再返回。他的惡與他的本質並不相符。就算是刻意違反眞理法則的錯誤，也有可能動機不是根源於惡，而是來自於人世雙親的遺傳而潛伏在體內。發生那些錯誤若是源於盲目的、短暫的、純然受環境影響的動機，則這樣的惡會漸漸消失。龐雜的惡之雜質會被淨化，等到完全脫離了惡之後，善靈就正式具有進入天界的資格。

同樣的道理，就算是惡靈，在人世生活時重心雖傾向惡的方面，也還可能有若干的善存留著。在善完全消滅前，這個惡靈都不會墜入地獄。但隨時間流逝，那些為了欺瞞他人而借來的善消磨殆盡後，就會只剩下惡，以及自私自利的愛。

在第二階段，惡靈會漸漸一步步走向自己未來所屬的地獄共同體，當內在狀態完全歸結爲惡時，才會自動投身到地獄去。

接受進入天堂的預備教育

中間靈界的第三階段，是進入天界的靈接受教育的階段。對下地獄的惡靈而言，沒有這個第三階段。將要進入天界的善靈，此時會被分爲第一天堂靈、第二天堂靈，以及第三天堂靈。

所有善靈在人世時對倫理道德上的善都擁有豐富的知識，以及實踐的成績。當然也有些人透過宗教上的體驗獲取了靈性眞理。但知識與理解往往因人而異，甚至是千差萬別，也會有很多誤解和不完全正確的地方。有人知道的眞理可能是局限的、甚至被扭曲的。

天界的靈性眞理就是道，就是神一貫不變的法則。來到第三階段的靈，會受到對天界有實際生活體驗者（也就是天使們）有系統的教育，而重新展開學習。

換個方法比喻，他們在此學習天堂的「憲法」，熟悉天界的生活規則。然而這樣的教育期不會很長，因爲他們已經擁有了天界的敏銳感受性，在很短的時間內就可以學習、理解一切。

教育是由幾個不同的天界共同體過來的天使負責的，授課的地點也受到特別指定。善靈們會按照其個性與背景，接受量身打造的個人教育。

在人世時不認識神的人，會受到關於天界與神之法則的教育，開始相信神，也欣然將耶穌當作「看得見的神」。

一輩子過著良善生活的人，大部分都沒受過教育或未開化，他們天性擁有天眞無邪的品行。其中佔最大比例的，就是非洲的靈。

幼兒期就來到天界的靈，不曾被捲入錯誤的宗教，也不曾暴露在世間之惡中，還是維持著天眞無邪不可能被名聲、財富的貪念所污染。所以只有他們會被第三天堂最高等級的天使教育。

在人世長大成人、壽終正寢後來到靈界者，是由第一天堂的天使來進行教育。這在天堂中是層次最低的地方，因爲新加入天堂的靈更適合待在第一天堂。剛來靈界的人很難承受高層次的天堂之道與眞理，但無論受哪個層次的教育，根本上的原理都不會有差別，也就是愛神、愛他人。

伊斯蘭教徒來到天堂，也會按照他們適合吸收的程度給予教導。非一神教的信徒，則會按照烙印在他們全身細胞的道德原則來引導他們認識眞理。每個人都按照自己的理解力與發展程度，受教育，以及無微不至的照顧。

天堂與人世的教育根本上是不同的。人世教育是要將知識注入腦袋中，而天界的教育則是關於生命本質的教育，學習到的東西都能立刻應用在天界生活中，是活生生的教育，不是為了取得學位或資格，而是天界生活中可以實踐的眞理，也就是關於愛的眞理。

人世的大學，畢業生會戴上學士帽、穿上學士袍參加畢業典禮。畢業後，每個人就各奔前程，到自己選擇的社會崗位。但天界的畢業典禮更隆重、更有戲劇性，畢業典禮上，有資格進入天堂的候選人穿上了符合自己等級的服裝，從這一刻起他們就都會獲得天使的稱號。

天使的服裝按照靈性位階的差異各有不同，但大體上一樣，是一條長長的袍子，由潔白的綢緞製成。袍子會按照各自的靈性位階發出不同的光彩。當然靈性位階越高，發出的光彩也就越光輝燦爛。許多天界共同體的天使也會為了引導新天使而參加典禮，給予溫暖的祝賀與歡呼。新天使有多麼喜悅、興奮，可想而知！

典禮結束後，靈會上升到天堂，各自定居到自己所選的天界共同體中。那些共同體就成爲新天界靈的新家，而原本就住在那裡的天使也就成了他們的家人。新天使們會在歡迎會上受到家人的熱烈歡迎，住下來之後享受到人間無法想像的幸福。通常新天使的住處早在他們到達前就準備好了，而且是比人世所能夢想的更爲豪華亮麗的住宅。

新加入的靈從此就會在天界的光芒與愛當中，與永恆國度的永恆家人合而爲一，過著美好的永恆生活。

第七章

光與熱構成的世界

靈界也有太陽

如果沒有太陽，人世的所有生物都無法維持生命，若說太陽是宇宙歷史的起源，應該一點也不爲過。自然界中一切生命的能量都來自太陽，而太陽也是依照自然界的法則在運行著。不過，這個太陽，只屬於物質世界的太陽，對靈界沒有任何影響。靈界有自己的太陽，也是靈界所有生命的源泉。就像物質界有太陽一樣，造物主也創造了靈界的太陽。

事實上是靈界的太陽先出現的。史威登堡說靈界的太陽是創造的原動力，也是造物主——神的象徵。生命力就蘊含在那裡面，其奧妙無窮的能力，物質界的太陽根本完全比不上。靈界與人世的一切創造都是由這個太陽而來。靈界的太陽就是神的眞理與愛。天界的天使仰望靈界的太陽，就像仰望生命的根源一樣。

靈界的太陽並非全然是神本身。天堂中，神有時候會以神的形象現身，史威登堡也見過，外型跟人類沒兩樣，但容顏如太陽般發出光來，雪潔白的衣服發出耀眼的光彩。

《聖經》記載：「太初有道，道與神同在，道就是神。這道太初與神同在。萬物是藉著他造的，凡被造的，沒有一樣不是藉著他造的。」靈界的太陽就是眞理，而眞理就是道。靈界一切的光芒，發源地都是靈界的太陽，而它也就是造物主散發出的愛。神的本質就是愛，這愛用光與熱表現出來，如果不能接收到那光與熱，在天界中的任何生命體連一瞬間都無法維持生命。

靈界中的所有靈都跟這個太陽有直接的聯繫，從太陽接收永生。靈界的太陽也是道（眞理）的發源地，賦予了靈能夠思考的力量與理性。

靈界的太陽還有一種神祕的力量，叫做「靈流」。靈界的太陽對整個靈界都散發出這樣的靈流。這就是所有神祕力量的泉源，也是神治理整個靈界的一種工具。就因爲有靈流，靈界才能維持各層次的秩序，將所有的存在體與生命體連結在一起。靈流就是生命力，也是超能力的源頭。所有善良的靈都是靠接收這道靈流來發揮出各種能力的。

前一章曾提到，被帶到地獄的史威登堡受到惡靈的攻擊時，引導天使曾製造地震讓史威登堡不受惡靈侵犯，讓天使擁有這種能力的就是靈流。靈流也可以說是自然界太陽與靈界太陽間最大的根本差異。

靈界太陽的神祕力量

靈流有兩種，一是直接靈流，一是間接靈流。直接靈流是指靈界的所有靈直接從太陽接收到的靈流，間接靈流則是先投射到第三天堂，再依次按照天堂的次序傳送到第二、第一天堂，最後到達中間靈界與地獄。

但是地獄的靈全都拒絕靈流。因爲地獄中的惡靈如果袒露在太陽的光與熱、靈流之下，會感受到死亡般的痛苦。所以地獄才會是黑暗的世界、幽暗洞穴般的世界。

間接靈流也會從天界投射到人界來，間接靈流最後抵達的終點，是生活在人世的人類。人們雖然對此毫無感覺，但其實物質界的一切事物都跟靈界有聯繫，而且也是從靈界太陽投射出來的靈流得到生命。但這裡所謂的靈流是間接靈流。直接靈流只會作用在靈界的靈身上，不會降臨到人世。

此刻，我們也是靠接收間接靈流而活著。如果這道流斷了，我們也會瞬間失去生命。

天界的靈能收到直接靈流，也能收到間接靈流。只有間接靈流會從最高層天堂開始流洩，穿越過整個靈界後來到人世。間接靈流讓整個靈界與世界都串連在神的統帥權下，維持靈界的秩序一絲不紊。如果沒有間接靈流，靈界的靈有可能各自四散。

靈界有個人人必須遵守的禮儀，就是不可以站到其他靈的背後去，因爲這樣可能阻礙靈流的自然流動。史威登堡曾經在不知情的情況下站在某個靈的背後，突然感到猶如觸電般大大一震，往後退了幾步之後摔倒在地。

地獄靈也因這靈流的能力，而無法侵犯天界，更不能曝露在光明之下，否則就會顯露出野獸、怪物般的眞面目。所以靈界太陽投射下的靈流就成了壓制地獄、維持秩序的管理工具。

靈流賦予靈界天使們種種超能力。其中之一就是心念的力量。只要起心動念事情就會發生，這種思考的力量簡直可以說是萬能的。

靈界的溝通交流靠的都是思想對話，不像人世各國有各自的語言或文字。就因爲靈流，所以只要某個靈一想，接收的對方就會知道，可以自由與所有靈溝通。只要互相對望一眼，雙方就可以看穿彼此的想法。所以天使要指導剛從人世加入靈界的新靈，從一開始就不是什麼問題。

這心念的力量甚至也可以影響到人界。我們說藝術文化的創造來自於靈感，而靈感就是由靈界而來。世上的一切文化與藝術都先存於靈界，透過靈流傳遞到人世，並按照人界的特點重新塑造。眞正的原創是在靈界，人世的則是複製品。天界的圖書館中有著人世完全無法比的無數圖書，美術館的藝術品也一樣。從有人類開始，一切文明紀錄都在天界完整地保存著。

人世的所有祕密，在靈界中沒有不被知曉的。今日人類人世文明的一大問題，就是互相欺瞞詐騙成了習慣。因爲人很可能去騙人，也可能被人騙，每天發生無數的悲劇。然而如果心念的力量在人世也能運作，社會的樣子跟現在一定大不相同。不過，這樣的事是永遠不可能發生的，因爲人世沒有直接靈流。

在靈界根本誰也騙不了誰，誰也不會被騙。不眞誠在靈界根本就行不通。這不就該是天堂應有的樣貌嗎？

比心念溝通還神奇的是，靈界是以心念移動。思想就是動力。移動的速度跟思想的速度一樣，而這個速度就是「刹那」。靈界中不管多遠的距離，都能夠刹那到達，可以說比光速還快，只要一想馬上就到了。

舉個例子，如果想要見到很久以前去世的祖父，下一瞬間自己就已經置身在祖父面前了。就因爲這樣的移動方式，所以史威登堡形容靈界其實是沒有距離概念的。

當初，引導天使要將史威登堡帶到天堂而來人世時，因原本離史威登堡億萬里，故聲音聽來似乎來自很遠的地方，但下一瞬間天使已經來到史威登堡的床邊了。天使對被嚇到的史威登堡意味深長的說：「你馬上就會懂得這原理的。」

如果知道靈界的「心念萬能原理」，就應該清楚靈界不需要通訊工具與交通工具。今日我們自豪的物質文明，說白了在靈界中根本沒什麼用處。

因此靈界中不需要飛機、不會塞車、不需要豪華的郵輪。電視呢？在靈界中想看什麼，那影像立刻會出現眼前。那裡不會有空氣污染、油價也不會暴漲。那裡不需要證券市場，也不需要銀行。

那麼歌劇院呢？當然也有，而且還是最高級、最雄壯華麗的。

靈界沒有時間與空間的概念

既然思緒的力量是萬能的，也就不存在所謂距離了。不存在距離的世界，也不會有所謂空間的概念。就算如此，也不能說靈界完全沒有空間，只能說那並不是物質界的空間，而是靈性世界的空間。靈界是廣大無邊的，帶來的感覺跟自然界也沒什麼兩樣。

靈界中有遼闊的平原、山脈、海洋、沙漠、山谷，但感覺不出遠或近。靈界中也可以充分欣賞、享受到自然之美，但不會有人世那種空間與距離的感覺。

如果很想要一樣東西，那樣東西就會近，如果思緒中認為某樣東西很遠，那樣東西就很遠。不能光靠我們在物質界被培養出的地理感覺，認為靈界中各種東西都是有長度、面積、體積的。不過靈界還是一樣有實實在在的實體。如果要比「生動逼真的程度」，物質界的一切反而非常粗劣，像是油燈下的影子。

生活在物質界的人對靈界生活最難理解的，恐怕就是「靈界中沒有時間」了。所謂「永遠」，一定是超越時間概念的。不過以我們物質界的理解力很難接受這件事，這是因爲生活在物質界的人生活中必定有時間的概念。根據史威登堡的記錄，靈在生活中根本意識不到時間，也不需要鐘錶。

自然界中的一切物質，會隨著時間而老去、消磨損耗，各個都有其壽命。與此相反，靈界完全不受時間的影響。靈界的一切不會老去，不會消磨損耗、不會生鏽，可說是永遠的實體。所以，人的靈體也才能永遠以青春的型態維持生命。

在人界，物理空間與時間就是我們存在的外在環境。地球每二十四小時自轉一圈，三百六十五又四分之一天繞太陽公轉一圈。又因爲地軸的傾斜，讓春夏秋冬四季在地球上不斷重複循環，時間的概念就是由這些前提而來，人們透過掌握其規律，並進行劃分與計算，而有了年、月、日、時的概念。

物質界的人生是有限的，很少能超過百年，必須將有限的時間好好利用才行。生下來之後，學會一些東西，就必須開始工作，做著做著卻發現已經快到離開人世的期限了。因而，沒有比人死後就永遠消失這事還讓人感到悲慘、虛空的了。其實，世上數十年生活，在靈界只不過如同剎那。

如果人類沒有靈魂的生命，只有肉體，那麼造物主讓人類在物質界生活，簡直跟把人關到監獄沒什麼兩樣。俗話說人生如苦海，人活著會經歷許許多多的辛苦與痛苦。

造物主並非如此，人類生活在物質界的百年，只是接受訓練與人格測試期間，更是準備之後永恆生活的期間。神為人預備的是，隨著人在世上生活的成績，有機會享受無比豐盛喜悅的永生。

靈界沒有時間，有的只是狀態的變化。早晨、中午、傍晚不會順序出現，有的只是讓靈體覺得是早晨的早晨狀態、覺得是中午的中午狀態、覺得是傍晚的傍晚狀態。

季節也是一樣的。靈界中的靈可以感受到春夏秋冬，但也只是狀態的變化。靈界沒有深夜，因為深夜象徵著黑暗，而黑暗又是地獄的專屬。天堂有清晨有黃昏，就是沒有夜晚。我們感覺是時間的東西，靈界感覺起來是狀態的變化。

天界的生活由愛的成績決定

物質界的生活中會經歷的最大困難有兩種，就是貧窮與疾病。在人類悠久的歷史中，最讓人感到艱辛的元凶，就是貧窮了。

現代狀況已經大有改善，但在昔日，所謂生活就是塡飽肚子，所謂人生就只是賺三頓飯。只要能有東西吃、能活下去，就算是成功人生了。

即使在今日世界，還是有很多國家的人民窮得挨餓、受凍。然而天界卻是個需要完全得到滿足的世界。光靠這點，天堂就足以被稱作天堂了。

也許有人會想：「天堂的人口這麼多，要怎麼解決他們的基本需求呢？是不是每天配給糧食呢？」

當然不是！造物主提供的生活起居是無限量的。天界的人口全都豐富地享有最高等的文明生活，想要多少就有多少。用不完的東西，也不會當作廢物拋棄掉，而是在天堂的庫房中還原爲能量。

天堂是個體現正義與公平的社會，但卻不是一律平等的社會。就像前面說有天堂與地獄存在一樣，其實靈界有著森嚴的階級。人世的社會階層是由一個人的知識、技能、學歷、財富、領導力、人際關係能力等等所決定，但決定天界階級的只有一個標準。

這個標準就是「愛的成績」。借用聖經的說法，一個人在世上的生活，對「愛神、愛人」實踐了多少，就決定了他的靈性位階。而靈性位階的高低也決定了各個靈的社會地位，也讓他們能接收到的上天恩賜有了差異。

靈性位階高的靈享有領袖的地位，管理共同體。管理者可以住在宮殿裡。隨著靈性位階的不同，有些靈會被推舉到特別的位置上，而不同位置享用的生活品質也會有差異。

事實上，這也才是眞正大公無私的制度。用實踐愛的成績來決定，誰都只能認可並遵守。在秩序井然的體系中，所有靈體都能感受到滿足與喜悅。雖然待遇有差，但在任何位階上都不會缺少基本的生活所需。

例如衣服，只要想要，每個人都會得到符合自己位階的美麗衣裳。外出或參與儀式時，都可以穿到適合的禮服。由於上面不會沾到污漬灰塵，用不著脫，也不需要洗。不想穿的衣服自然就會恢復成能量。

天界中的靈只要一想，食物就會出現在眼前，當然沒有所謂供應缺缺或不夠的問題。而且天界中也不會有絲毫的浪費。

在天堂中四處觀察的史威登堡，曾經發生過一段小插曲。他進到一個靈的家中，那靈拿出水果來接待他。大概是因爲太甜美好吃了，史威登堡咬了一大口，果汁噴到了對方的衣服上。他嚇了一跳，心懷歉意地望向主人。

靈滿面笑容地說：

「史威登堡先生，您不用擔心。」

一瞬間噴到衣服上的果汁就消失了，連痕跡都沒留下。那靈對驚訝的史威登堡說：

「在天堂沒有浪費這回事。只要是不需要的東西，都會馬上分解，回歸到『能量泉源』去。所以天堂根本沒有垃圾。不管是衣服還是家具，只要在自己認爲不再需要的瞬間，就都會回到能量泉源去。而且只要想著『我想要穿那樣的衣服』，身上穿的衣服馬上就會變成想要的那件衣服，或者可以看到想要的衣服掛在衣櫃裡。這些物質世界中的任何一個魔術師都辦不到。所以在天界中，衣服怎麼可能沾到污漬、怎麼可能需要洗呢？」

天堂的住宅，其精巧華麗的程度是世人無法想像的。住宅的基本樣貌、結構都和人世的高級住宅相去不遠，有玄關、起居室、廚房、餐廳，還會按照主人的志趣擁有寢室與幾個不同用途的房間，以及庭院、樹木甚至葡萄園等。

像這樣的住宅是怎麼建起來的？如果用物質界的建築方式，建一座宮殿般的華麗建築可能要花好幾十年。但在天界只要一想，建築物馬上就會出現。在靈界共同體中，也有建築師，幫忙其他靈體實現自己想要的建築。

即使已經入住的住宅，也可以根據自己的意向瞬間改變。想住日式房屋也可以變成日式房屋，想要法國路易十四時代的家具，也可以馬上實現。

天界住宅豪華燦爛的程度從第三天堂、第二天堂到第一天堂雖然越來越降低，但衣食住等基本需求無限供應的原則卻是每個地方都通行的。

到了地獄，住宅則都是洞穴，裡面充滿了污物與惡臭。當地獄靈違反規則時，其中一個可能的後果是斷糧。

靈界的一切外在事物，包括衣食住與周遭環境，全都只是靈自己的心往外投射的展現。天堂中美麗富足的環境，只是那些天堂靈愛神愛他人的心滿溢出來的表現而已。那些輝煌壯麗的外觀，都只是反映出他們美麗內心的鏡子而已。

地獄靈的慘狀，並不是造物主故意要懲罰他們，而是如實地反應出了地獄居民的內心狀態而已。所以他們也不能怨誰。天堂是天堂靈在人世爲自己掙得的，同樣地，地獄也是地獄靈在人世爲自己造成的。

人務必深思一點，人世生活多則百年，但靈界的生活卻是永遠。明智的人會在世上的百年中，爲了天堂而投資，但缺乏這種智慧的人卻會將時間花在爭權奪利、勾心鬥角、放蕩式的享樂中，而錯失了天堂。人們必須要領悟到在世上時過著怎樣的生活，才是眞正有智慧的生活。爲了幫助人獲得領悟，上天才揀選了史威登堡，讓他將看到的靈界狀況告知大眾。這是造物主的大愛。

我們將太多時間消耗在解決衣食住行等問題上面。但在不需要擔心民生問題的天界中，多出來的時間要花在哪裡才好呢？也許有人會擔心在天堂會無事可做，無聊到極點吧。這些沒必要擔心。也許有人想，在天堂中就是整天睡覺。但大概不會有這樣的時間。天界的生活是十分充實有趣的。

天堂沒有失業者

世人的生活，有時心情快活，有時又十分沮喪。同樣地，在天堂的情緒也不會是一條平淡的直線。天堂的靈有時會因爲愛而流下感動的眼淚，有時也會在黃昏的氣氛中感到憂傷。如果生活只有千篇一律的快樂，那快樂很快就會變成習慣，最後甚至變成無聊與厭倦。

天界的靈過的也是充滿變化的生活，偶爾在靈力低落時，也會陷入自私自憐的人世回憶中，透過迂迴曲折充滿變化的生活，靈才有可能朝向完美發展。

天界的靈都有各自的工作崗位。但工作並不是爲了生計，而是爲了感到意義、價值與喜悅進行的服務，讓自己「有用處」。

史威登堡曾經問天堂的靈：

「天堂裡用不著工作，可以一直吃吃玩玩，所以應該很快樂吧？」

聽到這問題，天堂天使給出了很棒的答案：

「只能吃吃玩玩、遊手好閒的地方是地獄，怎麼可能是天堂呢？天堂是可以盡情做自己想做的事的地方，我們都將那些事稱爲『用處』。在天堂沒有一個靈是無事可做的。每個靈都透過盡情發揮自己的用處來尋求喜悅、意義和價值。當然可以使用在提升自己人格或興趣方面的時間也非常充裕，最重要的是做什麼都沒有強制性，都是自動自發的，而且人人都從爲他人服務中獲得極大的喜悅。史威登堡先生，現在你相信天堂中沒有一個失業者了吧？」

在天堂眞有那麼多公益或服務性活動可做嗎？要讓廣大無邊的靈界運作起來，並維持秩序井然，的確需要極大的人力。服務是無窮無盡、永遠做不完的。越付出，就會越感到喜悅、意義與價値。

在天堂，也有公司、組織或各種共同體等負責管理營運的機構。天界中有三種管理領域：信仰與精神領域、民事領域，以及家庭領域。

信仰與精神領域的管理，是由相當於禮拜堂的「神之家」來進行，負責的是敬拜造物主的相關業務。

民事的管理機構，有點像世上的政府機構，將各共同體區分爲各個不同行政區域，有各種各樣的部門履行不同的功能。

家庭管理機構，管理的是天堂社會的基礎，也就是家庭。各個家庭的幸福，也就是全社會共同體幸福的表徵。家庭管理機構，也可以說是天界的幸福快樂管理機構。

除此之外，可以在社會共同體中分擔的使命或任務還有許多。有的社會共同體負責幼兒的培養與教育，有的負責成長期的青少年教育與輔導，有的負責將在人世時具備天分的少年教育成英才與專家，有的幫助有基督信仰的單純、善良的靈準備天界的生活，有的負責教導各個不同宗教信仰者天界的法則，有的負責去迎接帶領肉體臨終的人，有的保護剛進入中間靈界的「菜鳥」不受惡靈的傷害，有的負責管理地獄的治安、讓地獄靈不要隨意暴動或者濫用暴力。

有個值得特別一提的重要社會共同體，那就是派守護靈到世上、不讓地獄出來的惡靈傷害人類，並且對人界施加正面影響、引導世人進入天堂的共同體。光看這個任務，就可以猜到它有多龐大了。

人類必須靠自由意志來決定自身的命運，要向善或向惡最終的決定還是要由人自主，請切記。決定之後，善靈就會從旁幫助，將傾向善的人引導到天堂去。天界中除了社會共同體接下的使命外，也有天使直接從神那裡接到的個人使命。舉例來說，神會直接任命「神之家」的講道者，這主要是由精神王國的天使擔任的職務。

還有很多靈會擔負教母的任務，去當靈界幼兒的母親，用愛教導撫養他們，這都是由第三天堂最高等級的天使負責的。

此外，還有各種負責文化藝術教育培養的共同體。其實人類的文化與藝術最初的原型都是在天界中開發出來的。天界是個充滿藝術的世界。就像人類的感性部分讓藝術扮演了重要角色一樣，天界的生活也是離不開藝術的。

天使就像這樣，有各種各樣的用處，可以在自己想要的時間做自己想做的事，在工作上不受到強迫。天使們也必須發揮自我的才能，來感覺到存在的意義與喜悅。

所有天使不斷追求的目標，就是實現「一個人的幸福，就是眾人的幸福；而眾人的幸福，就是一個人的幸福」。

第八章

天堂是實現夢想之地

誰會進天堂？

史威登堡筆下的天堂，眞是個理想的社會。人類史上不知道有多少領袖夢想著建立這樣的理想社會，但從未有人成功過。在人世實現理想社會，可以說是一個永恆的課題。所以我們常會認爲，所謂理想社會只存在於夢想中。天堂就是人類不斷描繪、夢想、思念的理想社會。在書中描述作爲理想社會的天堂時，史威登堡想要寫下在天堂中看見的理想社會，嘆息了好幾次，因爲用世人的語言文字很難完全表達出天堂的實相。煩惱了很久，史威登堡這樣描述：

所有人都希望獲得幸福，幸福在某種程度上就是快樂。人們盡一切努力追求幸福，說到底也就是爲了享受快樂。不管是賺錢、追求名聲、貪圖地位與權力、進行藝術創作，都是想獲得幸福快樂。

按照史威登堡的說法，如果要用一句話來形容天堂，就是充滿快樂的世界。那是一個時時帶來快樂的全新世界。問題是，天堂的快樂並不是世人想像的物質上、外在上的快樂。我們在人世想出的概念，跟靈界的實況比起來，通常都太過淺薄、粗糙，很難掌握其實相精髓。

可以說，人類成爲靈之後到天堂感受到的喜悅快樂，才是眞正的喜悅快樂。如果沒有親身體驗過，很難懂得那是什麼樣的快樂。人世肉體的快樂，常常都只是感官興奮而已，跟天堂的完全不同。人類在人世脫去肉身之後，這一切感官興奮也都會消失；只有靈感受到的喜悅才是眞正的喜悅。

天堂的根本法則，用一句話說，就是「利他之愛」，造物主之愛的本質也就是如此。所以天界中所有靈都實踐著「一個人的幸福，就是眾人的幸福；而眾人的幸福，就是一個人的幸福」的口號。

天界中的每個天使無論做什麼，都是爲了全體天使的幸福，而全體做什麼也都是爲了個體的幸福。天堂社會的原則，就是每一個天使都徹底實踐著以下的律法：

耶穌對他說，你要盡心、盡性、盡意愛主你的神。這是誡命中的第一，且是最大的。其次也相倣，就是要愛人如己。（〈馬太福音〉二十二章三十七～三十九

節）

這是耶穌來到世上，給世人最重要的囑咐。

這裡面有眞正的兄弟情誼。愛人也就是愛世上所有兄弟，而四海之內皆兄弟，所有人都是我們的同胞。奉行這個原理的越多，世上就會越接近理想社會。這樣的世界會有爭鬥嗎？有嫉妒嗎？有爲自己的利益而害人的嗎？不會有的。這就是天堂社會，就是理想世界。

史威登堡說，天堂就是能實現這一切夢想的地方。

其實這種天堂社會的範例在人世也有，只不過不是我們的社會。這個範例就是我們的身體。據說我們的體內有數量多達六十兆以上的細胞，各自發揮著不同的功能。在健康正常的身體中，細胞之間難道會互相攻擊爭鬥嗎？會互相嫉妒嗎？細胞都擔負著各自的任務，但所有細胞合起來卻能完美地爲整體的福祉而工作。身體的每個細胞都是爲了發揮這樣的功能才存在的。如果細胞間有個人主義、競爭、嫉妒，這個身體會變成怎麼樣呢？細胞只有爲整體互助合作，整體才能過得好，而整體過得好，細胞也才能過得好。

這麼神奇的事情到底是怎麼辦到的？因爲所有細胞都靠著神經與大腦連結，大腦掌控著能夠完全統御整個身體的系統，並有循環系統提供養分。所有的細胞都不能單獨脫離這樣的系統。而中央統御系統會爲了全體的福祉下命令。用比喻來說，大腦就是神，而細胞就是每一個人。

右臂會沒事跟左臂打起來嗎？手會因爲腳骯髒發臭，就故意躲開腳嗎？腳如果髒了，手會去幫忙清洗。如果有隻蜜蜂飛來要螫人的頭，頭腦會透過眼睛取得情報，然後命令手臂去打蜜蜂。如果眼睛看到非常可笑的一幕，嘴角會笑起來。如果耳朵聽到非常動人的音樂，眼睛會流下感動的淚。所有個體做任何事都是爲了全體，而全體也是爲了個體，這才是完全達成協調的社會。由一個統一的系統指揮，所有個體都爲了共同的利益而努力、而互相協助，才有可能達到這麼好的效果。完完全全體現出這個原理的地方就是天界。

怎麼做才能進天堂？

所有的靈都是盛裝造物主之愛的器皿。雖然神的愛無限大，但每個人只能接收到自己器量大小的愛。天堂中的靈因爲自己的器皿夠大，所以能接收到造物主滿滿的愛。從造物主那邊接收到的愛的多寡，就代表了靈在天堂中的價值，或說他的靈性位階。靈界的階級就是由這個器皿的大小所決定的。

但是地獄中的靈，擁有的就是無法接收造物主之愛的器皿。他們拿著的是自私自利的器皿、惡的器皿，根本容不下神的愛。

這個盛裝造物主之愛的器皿，是在人界生活時打造的。所謂打造器皿，換個方式來說就是靈體的成長。靈體要成長，吃的是愛的糧食。如果肉體活著時能實踐愛神愛人，則愛的器皿就會越來越大。在人世的時候自己付出多少愛，在天堂中也就會獲得多少愛。

有個進入天堂的祕訣：想要進入天堂，在人界生活的時候，就必須實踐兩則律法，也就是「愛神」與「愛人」。實踐的成績會累積在靈體中，而它就決定了到天堂之後接受神愛的多寡。靈體脫離肉體、恢復原本面目進入天堂時，其實靈體就是自己的愛表現出來的一種型態，而成爲接收造物主之愛的器皿。

地獄的靈又如何呢？地獄的靈是在人世時完全都沒能實踐造物主之愛的人。他們打造了只愛自己、自私自利的器皿。所以到了靈界之後，他們只剩下邪惡的器皿，一心只想著填滿自己的欲望。

天堂還有另一項絕對性的價値觀，也就是天眞無邪的人格。所謂天眞無邪，是指如同雪般白、沒有一點污垢般的純眞，這也是進入天堂的重要要素。

耶穌說過：「你們若不回轉，變成小孩子的樣式，斷不能進天堂。」

無論誰剛出生的時候都是小嬰兒，都處於天眞無邪的狀態中。但這只是外在的天眞無邪。接下來經歷兒童期、青少年期、青年期、壯年期甚至老年期，在人生中會有各種各樣的體驗。人會受到邪惡的誘惑，會受到貧窮折磨，在人生中嘗遍酸甜苦辣，留下眼淚，發出歡呼，並在過程中形成人格。

在人生航道中，人會遇到無數善與惡的歧路。一路掙扎奮鬥下來，過程中也一定會受到來自上天的善良引導。如果到了老年期，還能堅持自己的良心，就會再次開始恢復成幼兒。這時就是在具有經驗、判斷力與理性的狀況下，讓內心漸漸返老還童。這些老人家可能內心或行動都變得像小孩、可能喪失記憶力、可能變得很依賴其他家人，各個層面上都再度恢復成幼兒。

像小孩子的另一個層面就是表裡如一、不虛僞、不假裝。這樣的人可以走上天堂的正道，死後一定能進入天堂。

蠶成長時會吃極大量的桑葉，吃到身體都發青了。但在準備結繭的時候牠們卻什麼都不吃，將東西都排出來之後身體變得透明，接著就開始吐絲作繭。這時，化爲蛾的準備就已經完成得差不多了。這就等於是死前的天眞無邪狀態。

反過來說，擁有各種曲折的人生經歷後，如果發展出一套惡的智慧、陷入自我中心的享樂欲望，就會喪失將眞愛器皿做大的機會，卻讓惡的器皿不斷擴大。

只靠信仰或知識無法進天堂

史威登堡曾經拜訪過天堂中一個未開化民族靈聚居的區域，在與那些靈討論的過程中，史威登堡有個重大發現，就是光靠信仰是無法進天堂的。所謂有信仰，通常還只停留在智性上的階段，只有這樣還算不上成爲散播愛的化身。這樣的信仰要進一步作用於意志，轉化爲善的行動，信仰才能結出愛的果實。這叫「行動式的信仰」。其實說到最本質上，信仰跟愛並不是兩件事，而是同一件事。或者說，兩者務必要做到合一才行。

未開化的民族在天堂中過著天眞無邪、單純明快的生活。他們在人世時也沒學習到什麼，過著極爲簡單樸素的生活。但他們的樣貌很美，而且發出光來。讓史威登堡留下極深印象的是，他們已經完全脫去了世上土裡土氣的外表，生活在不管從人格上還是文明上看程度都最高的天堂中。

在人世時一個字都不認識的這些人，在天堂中受其他靈的指導，知識與思維獲得了開發，程度甚至很可能比人世的知名學者還要更高。

就算是人世最出名的學者，如果他們鑽研知識不是爲了讓世界、讓其他人更好，而是爲了自己，他們研究出的外在知識，在天堂中是一點價值都沒有的。許多世上的學者或宗教領袖都認爲，他們累積的學識、社會地位或名聲無疑都可以帶到天堂去，這是個天大的誤會。人界的名譽、名聲通常只能帶來傲慢而已，而傲慢的人不可能天眞無邪、不可能像小孩子般純潔。

他們的知識沒辦法帶來靈性的成長，這種知識只是死的知識，在天堂一文不值。也有很多學者堅持的學說違反天堂的法則、造物主的愛與神性的愛，對人類沒有貢獻卻會帶來破壞與傷害，這樣的學者離地獄比離天堂更近。

史威登堡說，他曾在天堂中遇見有名的科學家牛頓。牛頓一生最大的成就都在科學方面，但他還是活在最高層的天堂中，受到天堂天使的尊敬與愛。他在人世時是神的虔誠信徒，而他研究科學的最大動機，也是爲了愛人類。反過來看，一生主要工作是呼籲人們相信神的中世紀教宗與牧師當中，卻有很多活在地獄裡。

這說明了什麼？人會進天堂還是地獄，取決於我們前面提過的，例如付出的愛是利他的大愛，還是自私自利、以自我爲中心的狹愛？是天眞無邪，還是傲慢不遜？

在人世公認有價値的大部分東西，除了利他之愛及天眞無邪的純潔性之外，在天堂都遭到了否定。人世的名譽、學識、財富、地位、權力之類，在天堂、靈界都完全不會被考慮。天堂在天上，但通向天堂之路卻在人世！眞理的法則是多麼奧妙啊？

天界中沒有偽善的容身處

人在世上生活時很容易戴上假面具。很多人重視別人怎麼樣看待自己，比起自己是否具有高尚人格還在乎，所以將時間與精力都花在形式與外表上，戴上了與內心完全不同的假面具。

就算是有信仰的信徒，也有很多人做事只爲了給別人看，爲了在自己所屬的團體中獲得名聲與尊敬，而過著一種純展示性的信仰生活，這種標榜自己信仰的方式，完全出於自我中心之愛，這樣的人是僞善者。他們在人們的鼓掌喝彩聲中活著，靈體卻沒有絲毫成長，只是外表看起來很不錯而已。

在人界，戴著假面具的僞善生活是行得通的。但靈界是袒露一切事實眞相的地方，虛僞、做作、假面、僞善在此絲毫沒有立足之地。靈界只接受人內在眞正的自己，也就是靈體，重點只在於靈體的愛之器皿成長了多少而已。

史威登堡曾在中間靈界中遇見過一個在人世非常有名的牧師。即使到了靈界，他還是以有名的講道者自居，積極地在群眾中講道，而且每次都是：

「你們這些充滿罪惡的靈啊！相信我口中的神之教誨，按照神想要的方式過活吧！這樣你們就能得到神的赦免及救贖。我是神爲了救贖你們而派到靈界來的使徒！」

可是根本沒有任何靈注意聽他說，後來他惱羞成怒，大喊道：

「你們這些愚昧的人，竟然完全不去聽我所傳的神令！如果不悔改，巨大的災禍就會降臨到你們的身上！」

他用出了各式超能力，想要像在人世一樣展現他的權威，但還是一樣沒有靈理他。他甚至連靈界基本的性質都不知道。所謂悔改與重生，是要在人世有肉體時才可能進行的。脫離了肉身來到驗證成績的靈界後，在人世打造出的愛之器皿，屬善屬惡可說是一點都改變不了。

牧師哀嘆道：

「我可是舉世知名的牧師，你們竟然連我都不認識，這些混帳！」

其實他在人世時受到許多人的稱讚，就是因爲他太愛受稱讚。當時人們都只說他愛聽的話，其實在內心中都嘲笑這個自我陶醉的牧師。

「我在宗教界是個廣受尊敬的名人，如果連我都不能去天堂，還有誰能去天堂？」

這個牧師在人世生活的時時刻刻，動機都源於自我中心、自私自利的愛，而不是利他的眞愛。沒過多久，他就落入地獄了。

還有一次，史威登堡遇上了一位在人世時曾是社交界女王、引領社會潮流的知名人士。她活著時推行了大量的社會服務、受人景仰爲救苦救難的天使。

她在世時，可說享盡了人間的福氣，既是絕世美人，又掌握大筆財產，還在社交界引領風騷。她將自己所有的注意力都投在看得見的表象上，活著的目標只有一個，就是受到更多世人的寵愛，並跟那些擁有影響力的人士交往。只要是能讓她更出名的事，不管對社會有貢獻還是有害，她都毫不介意地去做。

每當教會辦救濟窮人的活動，她就會站到最前面，帶頭捐獻與服務。但在她的內心深處，她並不愛、不關心、不同情窮人，做這些只是爲了提高自己在世間的風評，變得更有名望而已。她就靠著這樣的人氣與美貌，引誘世間最優秀的男性。

她死後當然也到了靈界。在靈界她的一切假面具都被脫下後，簡直是自我中心的典範，爲了享樂而利用他人的眞相一一都被攤在陽光下。她的靈體非常醜惡，發出惡臭，臉上還像患了皮膚病一樣，凹凹凸凸到處是坑洞。她在人世被認爲是成功的，但到靈界一看，她卻沒有留下一點利他眞愛的痕跡，很快就頭下腳上地墜入了地獄，而且還是最底層的地獄。

史威登堡在天界看過無數這樣的例子，特別社交女王一夕變成地獄女王的例子，讓人們更容易了解天堂的本質。

天堂的愛，動機是最重要的

一樣是行善，一樣是付出愛，「動機如何」是決定那到底是天堂之愛，還是地獄之愛的重要標準。動機如果是出於愛神、愛人，行爲聖潔單純，才是屬於天堂的善。

很多人行善，是爲了自己的名譽、名聲、受人稱讚，動機是出於自私自利的愛。這種情況下付出得再多，也很難與天堂有什麼關係，反而很可能與地獄搭上關係。

在人類社會中，很多人都過著符合道德標準的生活，這麼做的動機有兩種，一種是遵守神的法度、自己的良心；另一種則是害怕社會壓力、旁人的眼光與議論，後者就是屬於自我中心的動機。任何一個國家、民族，爲了維持社會秩序，都會有每個成員都必須遵守的普遍性法律或規則。

舉例來說，以下這幾種規定在全世界各個國家或社會中都被認爲是重要法則，也都形成了道德的骨幹：

· 不可殺人
· 不可姦淫
· 不可偷盜
· 不可作假見證陷害人
· 不可貪圖別人的財產或妻子

根據聖經中的記錄，這些法則被直接刻在神交給摩西的石板上，是十誡的一部分。摩西帶領在埃及過著奴隸生活的幾十萬猶太人往迦南地行進時，上了西奈山頂，從神那邊接收到了這樣的誡命。誡命一共有十條，不過上面提到的這五條是舉世皆然的道德律。

爲什麼神要將它親自寫下交給摩西呢？因爲要讓大家確認這些不只是國家的法律、社會的道德準則，更是神的法則。

想要成爲天堂靈，就必須遵守這些法則。很多人因爲害怕被處罰，才去遵守法律與道德，如果動機是這樣，到了一個法律不張、人們也互不聞問的地方，他還會守嗎？恐怕爲了自己的利益，殺人、放火、搶劫、詐欺、強姦，他都做得出來。

地獄就是一個法律與社會規範幾乎都不存在的地方，或說無法無天之處。因此地獄的惡靈可以不受制約地做出各種殘忍的暴行。

出於愛上天、持守良心、愛他人的動機所行的善，才是眞正的善。只有這種跟外在制約無關、發自內心的善才是天堂歡迎的。戴上假面具的僞善在天堂中根本沒有立足之地。

「你施捨的時候，不要叫左手知道右手所作的。」

這是耶穌的話，是行善時應該遵循的基本原則，是將財寶積在天堂的方法。用純粹的愛去愛人、幫助人，就是神性的愛。這是良心的自然表露，成果絕對會被收穫到天堂的倉庫裡。

第九章

地獄是自私自利的王國

誰會去地獄？

造物主希望每個人都能夠進天堂，所以每個人剛開始都擁有進天堂的資格。很多人不了解這一點，在人世就過著地獄的生活，死後到了靈界，除了地獄以外也不會有他們的立足之地。

依照史威登堡的說法，如果人類始祖亞當、夏娃不曾墮落，地獄打從一開始就根本不會出現。地獄並不是神刻意創造出來的，是因爲有些人的人格下降到與天堂毫不相容，不得已才會冒出地獄。換句話說，地獄根本就是靈界的垃圾桶。造物主怎麼可能會主動去打造一個地獄出來呢？

地獄是「對自我自私自利式之愛」的王國。對地獄秩序的監視與處罰非常寬鬆，很多靈在那裡面幾乎做什麼都不會受到刑罰的制約，殘忍缺乏慈悲的欲望會紛紛湧現。那些欲望是無窮無盡的，不但想支配整個地獄，甚至從整個人界與天界，直到神爲止都想掌控。其實，自我中心的人內在一直是這樣的，只不過他們把欲望深藏在內心而已。就因爲人世世界有前面提到的各種制約，抑制了他們對這些欲望的滿足，所以他們才不敢將欲望露骨地表現出來。

到了靈界之後，一切制約都不存在了，沒什麼好再怕的了。只要神延伸到地獄中的管制力量稍微放鬆，那裡一瞬間就會化爲互相殘殺的屠場。即使在地獄中，神的管制力量一樣是絕對性的。從靈界太陽那裡接收到靈流的天使，擁有管束地獄的絕對能力。地獄靈只要稍微被靈界太陽的光與熱碰觸到，就會痛苦不堪。即使只是單一的天堂天使，大群地獄惡靈與其相比也是完全軟弱無力的。

天堂的力量來自造物主的愛與眞理，故能發揮超級的力量。地獄中沒有這樣的愛與眞理，怎麼可能有力量呢？天使們的力量維持了地獄的基本秩序，在神與天使的管制下，地獄只能屈服。

史威登堡透過自己的天堂經驗，說明管理地獄的方法：

地獄是由靈界太陽投射下來的靈流管理的，這靈流可以完全壓制地獄的邪惡氣息。天使們持續監看著地獄，當地獄靈發狂或暴動時，就加以平息。偶爾會有天使被派到地獄中，光是天使的出現就足以平息狂亂與暴動。統治著地獄的原則就是恐懼，源於地獄靈認爲如果過分違反神所定下的秩序，將會受到嚴厲的處罰，因爲害怕受罰，地獄靈才不敢做出過分邪惡殘忍的行爲。

爲什麼管理地獄，只能用恐懼與體罰的方式呢？因爲在地獄，只有這些方法有效。地獄的一切都與天界完全相反。天堂的眞實在地獄中成了虛僞，天堂之愛在地獄中成了憎恨，天堂之善在地獄中成了惡。人世社會的法律、名譽、利益、教養，在此處全都行不通。只有身體皮肉之痛能讓地獄靈屈服。

地獄的刑罰有大有小，一般會受罰的就只有地獄頭目。頭目們會用其邪惡的智慧與詭計，在其他地獄靈或地獄共同體上施加痛苦，好讓他們服從自己。這些頭目知道刑罰之苦之重，因而會維持地獄裡不發生大的動亂。

要維持地獄中的鎮靜只有體罰一個方法，也許有人會說這方法太野蠻殘忍，但沒有其他有效的方法了。

地獄也分成三個區域。第一地獄是教育、感化稍微能行得通的地方。然而到了第二地獄，是無法感化的狠毒惡靈，第三地獄的惡鬼更是邪惡殘暴到了極點，與禽獸無異，如果天堂天使不出面，根本連一點秩序都無法維持。

史威登堡見過許多住在地獄中的靈，有的在世時只知追逐外在虛名；有的非常好色，因甜蜜的誘惑而與無數女性通姦；有的滿口仁義道德，實際上的想法與行爲卻十分邪惡；有的犯下無數次詐騙；有的殺人搶劫……總之各式各樣的地獄靈都有。

在人世時，有個女子在富裕的環境中過著奢華的生活，吃得好、穿得好，但在地獄中卻衣衫襤褸，而且還在骯髒小巷到處翻找吃的，永遠處在飢餓狀態。

靈界中也看得到乞丐，他們在人世時就厭憎勞動，成爲乞丐或露宿者，來到靈界後還是脫離不掉原有的習慣，過著怠惰的生活。有位學者在地獄天天點蠟燭寫論文，吹噓自己將成爲世界頂尖的大學者。在世時，他從事研究，是爲了獲得名聲與驕傲，與提升靈性人格、幫助世界更好毫無關係。可笑的是一切向錢看的守財奴，到了地獄之後還在拚命累積錢財，貪錢貪紅了眼，不斷將金銀財寶堆到自己的洞穴裡，都堆積如山了，但在他人眼中那些東西都只是石頭、木塊與垃圾。

史威登堡也遇過一個自殺後到地獄的靈，年紀輕輕的他，在人世受到惡靈的唆使，被當成精神病患者，最後用一把短刀自刎，到地獄後還是一直受到相同的惡夢折磨，手上拿著自殺用的刀，還一邊喃喃說：「我怕自己用這把刀割自己的脖子，所以我隨時都要這樣抓著自己的右手不放。」

地獄是怎麼產生的？

神原本只創造了天堂，人世是栽培人進入天堂的農場，最後潔淨無瑕的果實會被收穫到天堂去。神希望與進入天堂的人一起生活，還爲數量龐大的人類家人建造了宮殿。這才是當初建立天堂的目的。

父親爲了迎接孩子而創造了天堂，那爲什麼還會需要地獄呢？其實，現存的地獄原本並不在神的設計圖上。

那地獄又爲什麼會出現呢？其實是因爲神太相信、太愛人類了。神是按照自己的形象來創造人類的，所以必須將絕對的自由與責任交給人類。如果不是絕對的自由，人類在形象與本質上都不會像神。如果不是因神的形象與本質帶出的智慧、意志與情緒，則人類就不能付出愛，也不能被愛。愛是自由意志的產物。

沒有自由意志的機器人不可能眞正給出愛，也不能成爲愛的對象。根據《聖經》的記載，人的始祖違背了神的誡命，這當然是因爲有自由意志才能辦到的。他們走上了神不希望他們走的路。所謂被逐出伊甸園，即代表了人失去了神的天堂。

因此人落入了需要救援的命運中。從那時起至今，神做的一切都是要將墮落了的，或說喪失應有品質的人類，恢復到原本的品質去。這裡談到的恢復，也是要透過自由意志選擇去恢復才行。拯救不是無條件的，就算救世主給出了救援，人也必須透過自由意志選擇接受救援才行。

人必須靠自由意志才能恢復神的兒女的身分，才能進入天堂。但並不是所有人都朝向神所期待的路前進，很多人也跟亞當、夏娃一樣不願相信神。因爲要收容那些排斥神、排斥眞愛的人，才會有地獄的出現，這就是地獄的由來。

從永恆的觀點來看，就算要花幾萬、幾十萬年，造物主廢除地獄的日子終將來臨。神不會剝奪人的自由意志，所以救援就必須花時間。人類依靠著自己的自由意志，認爲神不存在，甚至有人說出「上帝已死」，但神還是靜靜在旁忍受並等待著。

收麥子的天堂與收稗子的地獄，就是這樣來的。

善靈與惡靈搶人的戰爭

人界其實與天堂、地獄都是有連接的。有很多善靈來到世上幫助人，也有很多惡靈來引誘人們犯下惡行。世人會受地獄靈影響，很多人因爲惡靈的緣故，最後選擇了自殺的毀滅之路。

天界不只用靈界太陽的間接靈流投射到人世，還會派善靈守護世上的每一個人。可惜，每個人身邊也都有地獄靈緊跟著，不過世上很少有人認識到這點。簡單地說，每個人身上都發生了善靈與惡靈搶人的戰爭。

只要有善靈在，惡靈就絕對不能侵犯，善靈的力量可說是萬能的。然而善靈對人施以好的影響卻也不是無條件的。在人類用自由意志去選擇傾向哪一邊之前，不管善靈，還是惡靈都無法影響位於中間的人，這是天則。因爲神給人的是完整的自由意志，只有人自己可以選擇走向天堂或地獄。

處在中間的人如果傾向善，善靈就會對他施以好的影響；如果被惡吸引，就會受惡靈的影響，一步步走向地獄。

人世與靈界之間的關係就是如此密切。我們的生活沒有片刻能切斷與靈界間的紐帶。不幸的是，很多人一生下來，就從父母那裡遺傳到某種惡的因子。他們的自由意志選擇惡的可能性比選擇善的可能性還大許多，更容易被拉往惡靈的方向。因而人世的人類才會需要救世主。

地獄靈會威脅人界

要說世上的各種戰爭、惡鬥、疾病、不幸、犯罪、自殺等壞事都與惡靈脫不了關係，應該不算過分。惡靈會用人不容易發覺的方式來操縱人類，這常常是造成不幸的動機與原因。

當然，保護人類、引導人向善的善靈，擁有惡靈無法相比的力量，但如果人自己傾向惡靈，善靈也拿他沒辦法。造物主給了人類自由意志，同時也給善靈和惡靈，他們也必須遵守這自由意志的法則。

史威登堡在二十七年間不斷體驗靈界，遭遇過無數次惡靈的威脅。關於善靈與惡靈，他曾經留下一句名言：

善靈是蝴蝶，惡靈是蜘蛛。

善靈就像蝴蝶一樣，在花朵間飛舞採蜜，並且讓花結出果實。反之，惡靈就像蜘蛛一樣張起大大的網，潛伏著等待獵物上門，然後撲上去捕食。

史威登堡也曾將惡靈比喻爲「稜鏡」，惡靈們具有將天界中所有的善、美好轉換成惡的能力，就像太陽的白光照到稜鏡後，被分成各種顏色的光一樣，靈界的太陽碰到惡靈也會發生類似的事情。

史威登堡說惡靈的本質：

就算是惡靈，也知道何爲善。但惡靈對何爲惡，卻全然不知，不僅如此，他們連惡的存在也不太清楚。

他繼續描述：

惡靈會對人做盡壞事，卻毫無自覺，因爲他們不但不知何爲惡，甚至不知有惡的存在。惡靈凶惡殘忍，卻總認爲自己在行善，因而對行惡沒有絲毫內疚。

史威登堡說，連惡靈也知道善是什麼。有人可能會想：「什麼？居然說惡靈知道善是什麼？眞是莫名其妙！」但史威登堡解釋：

對惡靈而言，惡就是善。他們是在認定自己行善的狀況下，肆意行惡。舉例來說，惡靈看到他人的不幸就歡喜，支配人便感到滿足。能讓惡靈感到痛快與喜悅的事，對他們來說就是善。所以地獄靈犯下各種惡行，卻以爲自己在做正確的事。在惡靈的世界，惡就是善、僞善就是眞誠、犯罪就是愛。地獄正是如此善惡顚倒的地方。一如稜鏡可以將白光分解一樣，天界灑下的善到這裡就被轉換成惡，眞實被轉換成虛僞，美好被轉換成醜惡。

地獄惡靈帶著這樣的目的來到人世，然後毫不自責、殘忍地任意施行他們的「善」。在人間帶來不幸、苦痛、災難、疾病。

將自己行的惡正當化爲善、對很多人事物都抱有敵意來到世上的惡靈，用一句話來說是將製造不幸、破壞人間世界當作最大的目標。與人世的犯罪者一樣，惡靈也有很多不同的類型。其中最凶惡、引起最巨大災難與不幸的，就是因怨恨心中燃燒著巨大復仇心的惡靈。

世上不知有多少人心懷怨恨，認爲一定要用殘酷的方式報復，但很難公然表露出殺人雪恨的心，所以他們只好把這樣的仇恨心深深埋在心中。他們是被周圍的種種環境條件牽制才沒有做出這樣的事。但在靈界中，他們就不會遇上這些障礙了，根本就沒有什麼制約。史威登堡曾經從惡靈那裡聽過這樣的話：

> 我享受報復。沒有比報復更痛快的事情了。報復會帶來最大的快感。

惡靈用快樂來形容報復，一旦在人世找到報復的對象，絕不輕易放過對方，會想盡辦法讓對方陷入不幸的泥沼。光是讓對方得重病、破壞對方的肉體，他們是不會滿足的。他們會讓對方瘋狂，犯下各種罪行，完全被社會排擠出去，最後甚至自殺。

第十章 絕對不可以自殺

自殺是永恆苦痛的開始

不管處在什麼樣的情況下，都絕對不可以自殺。

史威登堡對自殺作出了十分嚴重的警告。他說自殺會讓人陷入最糟糕的境地，而現代自殺已成了世界各國重大的社會問題。

史威登堡如此形容自殺：

人會輕易了斷自己的生命，是因爲無知，也因爲大家都不清楚自己終究殺不了眞正的自己。只要知道一點點自殺後靈體會碰到的遭遇，任誰都絕對不會想自殺。

很多人認爲從自殺成功的那刻起，自己就會從宇宙中消失得乾乾淨淨，但其實自殺只是永久痛苦的開始。人類是消滅不了自己的，能殺死的只有肉體，之後的痛苦折磨是超乎想像的。

自殺者其實都有一個共同的想法，就是「如果我從宇宙中消失，那麼一切就都結束了」。他們都誤以爲在自己消滅的同時，身上背負的所有問題、煩惱、痛苦也會同時歸零，因而把自殺當成是解決一切問題的終極手段。

只要我這個人消失，一切就沒問題了。自殺是解決人生苦痛的最後一招。

對此深信不疑的人才會去自殺，問題是這種想法太單純了。依照史威登堡的說法，事實上自殺才是更大問題的開始。自殺除不掉自己永恆的靈體，不但不能讓自己從宇宙中消失，甚至連地球都無法離開。自殺後的靈將在人世飄盪，成爲一般人口中的「鬼魂」。

所謂鬼魂，就是一種惡靈，不過這種自殺的惡靈連離開人界到靈界去都沒辦法。不管是善人還是惡人，都沒辦法消滅掉自己，因爲人類是永恆的存在體。自殺也是一種殺人，是違反造物主法則的重罪之一。

自殺的後果

不管用的方式是上吊、投水、服毒，自殺的結果都是一樣的。在肉體死亡的瞬間，靈體就脫離了。接下來，清楚的感官感覺會讓自殺者發現，另一個自己躺在身邊。

「那是誰？好像很眼熟！不，難道是我嗎？這怎麼回事？現在這個我算什麼，那個我又算什麼？」

訝異與混亂湧上心頭。

「不，我明明就已經自殺死了啊，現在這到底是怎麼回事？我居然還活著！」

已化作靈的存在體會盯著自己的肉身瞧。但其實生命力完全在靈體中，就算自殺了也不會就此消逝，死去的只是肉體部分而已。

試著想像這時此人會感到多大的訝異吧。

「我沒死！我殺了我的肉體，但我還是沒有消失。現在該怎麼辦呢？」

可是後悔也已經遲了，無法挽回了，想回到自己的肉身裡也沒有辦法了。

不久之後警笛聲響起、救護車趕到，再過一段時間，可能爸媽等其他家人也飛奔而至。有人跑到自己的屍體邊進行急救，但都沒有用。看到屍體，家人們紛紛痛哭失聲。看到這光景的靈體再也無法忍受，奔向自己的母親。

「媽媽，媽媽，我沒死！我就在這裡！我好端端地在這裡！」

自殺者想要搖媽媽，但媽媽卻根本沒感覺，只是一個勁地痛哭。自殺者衝向救護車，對醫護人員大喊：

「喂！我就在這裡，我沒死！我還活著！我媽媽哭得都快昏過去了，你們爲什麼不去告訴她我還沒死！眞快把我逼瘋了！」

醫護人員還是一樣聽不到，只將越來越冰冷的屍體抬上車後離開。

「你們怎麼回事？我明明就在這裡，爲什麼看不到我？我明明就在這裡啊！」

自殺者奔回自己的家，進去一看家裡已經開始準備後事，家人放聲哭成一團。自殺者在門邊大喊：

「我明明就沒死，我回來了！我就在這裡！難道聽不到我說話嗎？」

死者慌忙地跑來跑去，不斷呼喚親人，但親人卻沒有任何反應。就在這時，有一群傢伙衝了進來，每個都像凶神惡煞，臉長得像怪物，原來是其他自殺者的鬼魂現身。他們開始嘲弄這個剛自殺的人。

「喂，你這傢伙，現在做什麼都沒用的！你已經成了鬼魂。鬼魂！你跟我們沒兩樣了，離開了人世。世人已經看不到你了。你死了，身體也會被埋葬。你已經是我們的一員，現在我們叫你做什麼，你就給我們做什麼！蠢貨！哈哈哈……」

這時自殺者才會眞正清楚，自己成了鬼魂，已經無法再回去當有肉體的人了。

自殺是最糟的選擇

自殺者會成爲惡靈，或說鬼魂。這樣的靈無法脫離人界，會成爲困在人世的幽靈，只能在自己自殺處一帶徘徊。

史威登堡以英國一處著名的幽靈宅邸爲例，當地人都將出現在該處的惡靈稱爲「露台幽靈」。這座宅邸在蘇格蘭的首都愛丁堡郊外，兩層的建築，還有個相當寬敞的庭院。庭院中有棵茂盛的古樹，即使在白天也感覺陰森森的。幽靈首次出現在一七二〇年前後，最初目擊者是在宅裡工作了幾十年的僕人。

一天，這僕人照例在傍晚將大門關好，走到二樓露台附近時，感覺好像有人在露台上，他覺得奇怪，於是走上露台，接著就嚇得一屁股跌坐在地上。當時出現的是十年前自殺的主人女兒愛倫，她往陽台的另一端爬了大約五六公尺後，突然就消失了。

事件發生後，僕人每天去看，愛倫的幽靈果然也每天都出現在陽台上。沒多久消息就傳了出去，愛倫也以該宅邸「露台幽靈」之名，在英國廣爲人知。

在大約一七四〇左右，宅邸主人將房子賣掉，被一個與愛倫家族毫無關係、對幽靈的事情也不曾耳聞的杭特先生買了下來，並進行全面改造。改造後的宅邸已經不是在原處，而是搬到庭園的更深處。

但是與愛倫毫無關係的杭特一家，也看到了愛倫的幽靈。愛倫還是出現在以往二樓露台的位置，露台消失得無影無蹤了，但愛倫仍然認爲那是露台，繼續維持在空中行走後消失的習慣。

愛倫的自殺當然是有緣故的。極爲嚴格的父親不准她與戀人交往，她於是跳下了陽台。之後愛倫就成了幽靈，無法脫離自己自殺的地方而徘徊著。

史威登堡說，她之所以持續在同一個地點出現，是因爲她進不了靈界，而在中間靈界與人界中來來回回，想在原處解開她之前的怨恨。

問題是幽靈找到機會就會害人。幽靈是種全身都充滿了怨恨的靈。爲了解自己的怨恨，他們會引誘其他人試圖用跟自己相同的方式自殺。不只害自己死去，還會去害其他人，可以說是最糟糕的一種選擇。

過去數十年間，現代醫學有了長足的發展，甚至連人工心臟都可以移植了，但病人卻未見減少，醫院反而常常人滿爲患。

這並不能說是現代醫學的問題，背後還有多重的心靈因素。從二十世紀下半期開始到二十一世紀初，新增最多的就是精神與心理方面的疾病。之所以如此，原因之一就是人心變得脆弱，容易受到惡靈的侵襲。

在此情況下，我們應該要用全方位的概念來看健康。單靠醫學還不夠，還要維持精神意識的健康，換句話說就是提高靈的能量品質。我們必須認識到有很多惡靈在我們四周成群浮游著，並加以防備。

但也沒必要就此感到害怕。只要人的「相對基準」不會讓他受到惡靈侵犯，惡靈也就侵犯不了他。一般來說，惡靈的靈性能量都非常低。我們只要讓自己的靈性能量更加健康、健全，維持在一定的品質上，就能不受鬼魂公害的侵襲。我們一定要努力，讓那些低劣的靈、所謂惡靈與鬼魂都不敢接近自己。

這種解決方法是自己有意識地維持高能量的靈性狀態。如果用一般人的表達方式，也可以說是健康的精神狀態。就像我們的免疫力降低之後，外在的微生物才會入侵造成疾病一樣，靈的能量低落，才會讓惡靈鬼魂有機可趁、順利入侵。我們在調整飲食、睡眠、運動，保持身體免疫力的同時，也要強化靈體的免疫力才行。

通向天堂之路

人類的命運掌握在自己手裡，我們不可不知。之所以會受惡靈影響，常常是因爲自己的心先往負面的方向傾斜了，導致靈性能量低落，才會讓惡靈有機可趁。精神分裂症、精神官能症、憂鬱症患者的激增，恐怕都與這樣的現象不無關係。

人心很容易變化，一天之內就有可能在天堂與地獄中來往幾十次，此時，善靈與惡靈都會緊張興奮起來。

所以人每天都要有意識地去克服惡的誘惑、虛名與虛榮的誘惑、肉欲的誘惑，如此自然而然就會傾向於善靈，在收穫努力的成果時，就會離惡越來越遠、得到善靈的幫助。對於每天接二連三到來的幾十次不同誘惑，都要用自由意志去克服。如果能這樣做，原本被帶向地獄的人都可以再次轉向天堂的方向。朝向天堂的頻率越來越高，就一定可以堅定地建立起向善的人格，這樣不但可以避開惡靈騷擾，更能發現通向天堂的道路。所以在《聖經》的主禱文中，耶穌教大家要如此祈禱：

不叫我們遇見試探，救我們脫離凶惡。

防禦惡靈的辦法

史威登堡有句名言：

不需擔憂惡靈的事，盡心盡力跑向進天堂的道路吧。如此，惡靈連影子都無法接近到你身邊。

這句話意義非凡，用這樣的大原則引領自己的人生航路，也就是在人世活出天堂的秩序來、堅持自己的心。有句格言「知識就是力量」。請各位傾聽史威登堡以下的勸告，並將之實踐成自己的習慣。

‧不要被靈異現象迷惑

靈異現象，多為惡靈在搗亂。只要遵守付出愛、行善的法則就好，不要被瑣碎的小小心靈現象所迷惑。

‧就算碰上了靈異現象，也不要去參與互動

面對惡靈的詭計或搗亂一旦理會，心很可能就會落入惡靈的掌握。去理會惡靈等於是讓自己的靈性迅速降低，很容易就會走上傾向惡的道路。

‧碰到靈異現象，不予理會

惡靈是非常傲慢的。就算惡靈向人提出挑戰，如果不去理他，惡靈很快會就自尊心受損，而自行離開。

他們也許會說：「這傢伙還眞怪。世人我們多多少少都能操縱，對他卻不起作

用，就像塊大石頭一樣，連推都推不動。」然後就自己摸摸鼻子離開。

·獲得善靈的協助

前三種都是消極防禦的方式，較主動積極的做法則是，讓善靈站到我們這邊，這也是驅逐惡靈的核心辦法。必須要相信善靈隨時在身邊守護我們，並對此心存感激。善靈的的確確就在你身邊等待你的呼喚，我們必須要採取積極的行動才行。

·維持正面的思考與善良的意識

你的靈魂會受到自己意識的影響。時常思考善良美好的事，多想想如何幫助他人，你就正走在通向天堂的道路上。只有在人世付出愛的實際成績，才是能帶進天界的資產。

·感謝受到的試煉

人們受到的痛苦試煉有可能是惡靈的誘惑，但也有可能是神的安排，爲的是給人更接近天堂、接近善、接近神的機會。不要害怕試煉，而要去感謝、歡迎。這樣一來，就算地獄的惡靈總動員出來對你進行攻擊，你也像穿了盔甲一樣，完全不會受侵犯。

第十一章

幼兒都會進天堂

被培養成天使的孩子

傳統基督教有種說法，認爲出生後受過洗禮的幼兒會得到天堂的接納，沒受過洗禮的就會墜入地獄。史威登堡表示這是無稽之談。受洗是象徵信仰的一種儀式，跟進不進天堂完全無關。

史威登堡希望世人都清楚知道，剛出生的嬰兒，不管父母是誰、出生在哪裡，死後都一定會進入天堂，而且在死亡的瞬間就會有天使降臨，讓他們在愛的護衛下進入天堂的幼兒照護機構。

那裡會有極具母愛、在人世曾有養育小孩經驗的女性靈（通常稱爲「教母」）扮演母親的角色，接手養育。幼兒在教母懷中幸福地成長、接受教育。

幼兒認爲自己是在靈界誕生，與靈性的母親之間形成極深的愛的連結。幼兒在人世沒體驗過善惡，在白雪般純潔無邪的狀態下來到靈界。這種天眞無邪近似最高層次的天堂狀態。

其實所有幼兒誕生時，也會遺傳到父母身上的部分惡因子。因此要成爲完美的天堂天使，他們還是要經歷修煉與教育的過程。這種遺傳到的惡因子，在靈界中成長過程裡面會顯露出來。他們不會因此而受罰。在這種遺傳而來的惡因子發芽茁壯前，他們會被天堂的愛引導，重新打造出愛神、愛他人的人格。

史威登堡曾舉過一位王子的例子。王子剛出生，就有了支配他人的欲望，在成長的過程中也認爲隨意姦淫不是什麼壞事。他被送去一個就算孩子有錯誤想法也不會責備、重視對他人的奉獻服務、重視純潔的天堂家庭中，以身作則的家人讓孩子體驗到什麼才是正確的、好的。他在天堂家庭的愛中純潔地成長，充分享受到了助人的喜悅，之後又回到原本的幼兒共同體中。這個小小王子後來當然成了天堂的天使。

簡單來說，通過天堂完整健全的教育過程，這些幼兒無一例外地成了天堂中的天使。在成長的過程中，幼兒的性格可以被大致分成兩種類型。第一種是在造物主的愛中無條件服從的天堂型天使，另一種是事事都用理性進行分析、理解與認知來實踐信仰與愛的靈國型天使。

第一階段的教育完成後，接下來是青少年的教育，到了十五至十八歲的狀態後，他們都會具備天堂天使的資格，無一會被淘汰落選。開始具備理性與智慧的幼兒靈到了大約十五歲時，就會開始定居到神性王國或精神王國去。那時他們的靈體已經是正值青春的狀態，定居到社會共同體之後，男性在十八歲、女性在十五歲的狀態就會找到理想的對象，在神的祝福下成婚。

早逝的幼兒都會在天堂中被培養爲了不起的重要天使。當他們的型態成長到青春的最盛期後，就會停留在這樣的狀態，並且越來越美。

本書前面提到史威登堡遇見的一對天堂夫婦，就是在很久以前以幼兒身分到達靈界，結合之後共度了幾千年永生的夫婦。完成度較高的夫婦天使看來就像臉色白裡透紅的少年少女一樣，時間過得越久，容貌與衣裳都會越煥發光彩。

從有人類以來，世上不知有多少早逝的幼兒，都在造物主的特別關照下接受了天堂教育，成爲天使。據史威登堡說，最高層次的天堂，也就是第三天堂的天使，大部分都是這些幼兒培養而成的。

史威登堡也提過，在遠古時代，天界與人界的交流比現在頻繁很多，甚至可以說是相連接的同個世界，天使也能與世人直接溝通，世人可以在上天的直接引導下生活，最終進入天堂。

這些遠古人類進入了天堂的中心區域，再則是早逝的幼兒構成了高層天堂其餘的大部分人口。期間當然也有很多世上的善人入籍天堂，但隨著時代關注的重心漸漸轉向外在物質，進入高層天堂者也越來越少。

史威登堡將人世的靈性歷史劃分爲：遠古人類的黃金時代，之後分別有銀、銅、鐵的時代，到他的時候，已經是被他稱爲塵土般的末世時代。

決定這一切時代的標準，用的就是進入天堂的人數。但在這同時，人類物質文明卻是往相反的方向前進著。人類從舊石器、新石器時代開始，發展出青銅、鐵器時代，一直到現在的數位資訊時代，從我們人界的角度看來，二十一世紀才是文明的黃金時期。

然而，人在物質文明飛躍性發展的同時，靈性方面卻似乎走向了退步之路。從造物主希望所有人都進天堂的視角來看，這時代的確越來越像末世。我們在極度豐富物質的同時，也迎來了精神與靈性極度貧乏的時代。

當世上大部分人渴求物質文明的黃金時代，那些渴求進入天堂者卻嘆息世上墮落到塵土時代。人世越來越難看到天堂人的身影，但地獄卻達到了全盛時期。當天堂與地獄的平衡打破時，也就可以稱爲末世。

神是公平公正的。神只會用愛與慈悲來管理人類與靈。但從此刻人世的狀況看來，很多人常常會覺得神已經不在了，或是神非常不公平。無論是誰都會發現惡人成功亨通、好人成爲犧牲品的情形。有些人因此埋怨神的無能不公，甚至詛咒上天。然而如果從永恆的層次來看，神依然還是公平公正的。善有善報，惡有惡報，善惡都會得到相應的報償。

上天堂並沒有想像中困難

或許有人會想，自己這麼普通的人進不了天堂，要進天堂恐怕比中樂透還困難。其實，天堂就是給平凡人去的地方，沒有知識的傲慢、樸實的人，反而更容易進去。正如史威登堡說：

「要過著進入天堂的生活，其實不怎麼困難。」

我們來分析一下史威登堡的這句話。人們對上天堂，通常都有如下的誤解：就是要完全拋棄俗世、禁絕情欲、心心念念過著靈性生活。所以要先將財產或名聲等等世俗的一切盡皆放棄，內心永遠只想著神、救援、永生之類的課題，每天過著專注禱告、打坐或冥想的修道生活才行。

史威登堡很明確地說：「事情不是這樣。」

有一次，史威登堡曾在靈界遇上一個大發雷霆不斷抱怨的新靈。內容如下：

「我活在人世時，拋棄了俗世的一切，到山裡過虔誠的修道生活。之所以如此，就是因爲相信那是通向天堂之路。但到靈界一看，我卻連天堂的大門都進不了，怎麼會這樣？」

史威登堡問他：

「天堂把你趕出來的時候，他們有沒有說些什麼？」

那靈用充滿怨氣的聲音說：

「他們說我不但不關心他人，一生中還千方百計避開人群，這怎麼能實踐『愛人』的精神呢？他們說我迴避了愛人的義務、看不起想法與我不同的人們，還大放厥詞地說自己一定會進天堂。他們說，我這輩子只爲了自己而活。」

他踏進天堂之後就被趕了出來，最後只能跟在人界時一樣孤獨地生活，而且還是在地獄裡。通向天堂之路，並不是修道院中的修道生活，反而要踏足在人類社會，過著與人深度交往、健全的社會生活才是。

在沒有人群的地方，要怎麼樣才能實踐「愛人」的教誨呢？處在擁有生老病死、喜怒哀樂的群體中，才能眞正實踐愛人，不是嗎？想進天堂，就更應該在社會中努力服務與奉獻，更應該擁有一個工作崗位。其實職場就是最適合實踐服務與愛人的地方。

此外，我們還要擁有健全的家庭。家人，也就是最親近的「他人」「鄰人」。對家人都不愛的人，怎麼可能去愛鄰人跟他人呢？如果沒能認識神，就按著自己的良心來生活吧。良心就是神送到每個人心中的「神之使者」。總之，我們人類社會就是通向天堂的最佳修煉道場，社會生活爲我們提供了形成眞愛人格的大量機會。

史威登堡說過：

「沒有外在的社會生活而只顧著過內在的精神生活，就像住在一棟沒有堅實地基的房子裡一樣。到後來地層會下陷、龜裂，總有一天連房子都會整個垮掉。」

健全的社會生活才是走向天堂的基礎

史威登堡分析，人們在人世的生活有三個基本的層面，分別是道德層面、公民層面與靈性層面。

進入天堂之路，其實是在這三種層面上能保持平衡的生活。在社會上想當個好公民，必須負起公民應盡的義務，不去觸犯法律；而法律是道德的底限。公民與道德層面的生活要與信仰互相調和，沒有信仰的人則必須在面對自己良心時毫無愧色。

最重要的是，不要讓自己的社會生活受到自我中心、自私自利的愛與對物質的愛所支配，因爲這些是一切惡的根源。能做到這一點，就是脫離了俗世，反而入山修道卻可能並未眞正脫離俗世。

有一個雖小但不難做到的方法，就是下定決心爲了別人日行一善。這裡所謂的行善，並不需要做什麼偉大的事情，給口渴的人一杯水就是愛。而忠實於自己的工作，也是件重要的事。要將自己的職業當作上天賜給的天職，以服務貢獻他人的心去盡責。

史威登堡曾殷切地說：

「能進入天堂的生活並不困難，做一個好公民、遵守道德，不管有沒有信教的人都做得到，是普遍性的生活準則。就算是壞人，也可以在表面上過著看來健全的社會生活。而眞正決定善惡的，還是動機。只要動機是來自純粹的良心、想要幫助別人，那就一定是善的。如果動機是自我中心，如爲了提高自己的名聲，那就是惡的。

「重靈性的人會重視法度、主動遵守道德準則，重世俗的人則因爲害怕法律或社會正義而遵守道德。前者的動機是出於愛，後者則是出於恐懼。天堂與地獄的岔路就是在此分歧的。」

史威登堡在他的名著《天堂與地獄》中提到：

「去追逐財富、美食、豪宅、外表打扮上的光鮮亮麗、獲得生活上的享受與喜悅、花費時間精力去維持身心健康……這類世俗的事情其實做了也無妨。重點只有一個，就是心中時時懷著神（或者時時遵守著自己的良心），無私地去愛人、將快樂帶給他們就行了。」

天堂並不是某類人的專利。天堂無限遼闊，比汪洋大海還大，就算人類未來繁衍的所有子孫全都進去也不會擠滿。健全的社會生活，對家庭、同胞、國家、全人類的健全之愛，這一切合起來就是愛人、愛神。只要用正確的動機做一切事就行了。

在人世的生活到底是以神（或者說良心），還是以自我爲中心，就決定了人要去天堂，還是地獄。

第十二章 將永生當作人生的目標

神為何賜給人類自由意志？

爲什麼神會賜給人自由意志呢？如果沒有自由意志，人就無所謂墮落跟罪，也就不會有地獄的出現。這難道是號稱愛與慈悲之神能容許發生的事情嗎？神難道不是透過給人自由意志，而導致了人的墮落與苦痛嗎？這是神失算了嗎？神爲什麼會犯下這樣的錯誤？歷史上對此的爭論不斷。

因爲這樣的問題無法解決，哲學家卡繆推論，「所以神根本不存在」，而成了無神論者。如果要幫神所做的事正當化，事情就會變得無法理解；而如果要將世界正當化，則又會得出「神不存在」的結論。再怎麼想，慈愛的神也沒理由創造出此墮落的世界。給了人自由意志，神就等於將自己的權力與能力交了出去，讓自己變得軟弱無力，甚至到了尼采所說「上帝已死」的地步。

人類有了自由意志，就可以自由選擇善惡。人類的祖先以自由意志走向與神意相反的方向，因而人類的歷史才成了墮落的歷史。從那之後，人類的戰爭與爭鬥就從未停止過，招致了不可勝數的混亂與悲劇。這一切都是神的誤判嗎？還是來自神的無能？抑或尼采說的上帝已死？

神並沒有誤判，也不是無能，更沒有死去。神就是愛本身，就是因爲愛才創造了世界跟人類。神創造一切的目的都是爲了體現愛，想要通過愛來分享喜悅。

如果有份愛是眞愛，那一定是從自由意志中自發而出的愛。強迫得到的愛，有可能是眞愛嗎？強迫得到的愛，有可能帶來喜悅嗎？不可能的。不是發自內心的愛，就不可能是眞愛，而不是眞愛就不可能帶來喜悅。

若沒有自由意志，人就跟機械或機器人沒什麼兩樣。人製造了機械，但不可能期待從機械身上得到愛的喜悅。自發性的愛一定是源於自由意志，也只有這樣的愛會流洩出喜悅。如果沒有自由意志，哪來的自發性呢？

神就是愛。所以神創造了能夠付出愛的人，並給予人無限的愛，希望人也能給自己愛，從中得到喜悅，這就是神創造一切的目的。因而神非賜予人自由意志不可。爲了這個目的，神才把人設計得像神，就好像自己的子女一樣。

人如果不像神，就不能成爲神的子女了。所以神才要「按照自己的形象」造人。神絕對自由，而且對自己的自由負起一切責任，故祂也給人絕對的自由，讓人對自由負起一切責任。否則人就成了機械，不可能當作子女的機械。

對史威登堡而言，這些都不是理論。到天堂去看，神的確在那裡，而擁有自由意志的天堂人自發地愛神，並成爲接受神之愛的器皿。他們有絕對的自由，並必須擔負起的絕對責任。天堂就是充滿自發之愛和喜悅的世界，而神與天使的關係也就跟父母與子女的關係沒什麼兩樣。

天堂就是神創造一切的最終目的，就是體現神之愛的實際社會，這些都是史威登堡在靈界看到、聽到的。

將人世變為天堂

神所行的事，人恐怕無法完全理解。想要完全理解，相當於用人類有限的尺度去測量神的所行。

換言之，就是想用三十公分長的尺去量大海的深度，有可能辦到嗎？人類到目前爲止還無法估算宇宙的長度。神是從永恆的角度來行一切事的，祂一直等待人類以自由意志回到祂身邊。

現在能實現神的理想社會在靈界，神在那裡享受創造本然的喜悅。史威登堡說他親眼見到了那個理想社會。

人必須在這作爲天堂苗圃的人世，實現人世天堂才行。靈界的人口全都是從人世過去的，因而必須將人世變爲天堂，將人類的靈性提升，才能不斷生產出天堂人。

「我們在天上的父，願人都尊你的名爲聖。願你的國降臨，願你的旨意行在人世，如同行在天上。」

這是《聖經》中「主禱文」最前面的部分。耶穌在這段禱告詞中提到，願神的旨意行在人世，如同行在天上。然而不管神做什麼，都還是要有人的自由意志配合才行。兩千年前的耶穌也承認人的自由意志。

「神愛世人，甚至將他的獨生子賜給他們，叫一切信他的不至滅亡，反得永生。」（〈約翰福音〉三章十六節）

耶穌之所以說「叫一切信他的」，意思就是人可以信他，也可以不信他，這就代表人是有自由意志的，所以信與不信才會有不同的結果。自由與責任都被放到了人的肩上。

耶穌沒說要因慈悲與愛無條件地將所有人全帶到天堂去，而是說只有相信他的人才能得到他的救援。在其中分明有人自己選擇的餘地，方法就是實踐盡心盡性盡意愛神，以及愛人如己。

神是慈悲與愛的神。但即使是這樣的神，也不能將不選擇愛的人送進天堂，因爲這樣神等於踐踏自己的原則。

神不是因爲殘忍苛刻才將人打入地獄。那些人是因爲還不具進入天堂的資格，所以自己留在了地獄。

假使神因慈悲與愛而讓地獄靈進入天堂，地獄靈也無法承受。在天堂愛的氣息中，地獄靈會感到窒息，就像魚脫離了水、跑到陸地上一樣。天堂不是讓誰進去誰就能進去的。

史威登堡認爲這自由意志就是神給人的終極祝福。在沒有自由意志的土地上，不可能實現充滿喜悅的理想社會。如果不是源於自由意志的愛，就算不上是愛。如果把人做成沒有自由意志的機器人，則這世界的一切都將失去意義，神根本完成不了祂的目的。

這就是神創造的根本原理。知道這根本原理，靈性歷史的一切疑點也就都可以解開。而人爲了實行神愛的旨意該怎麼生活，也就變得清楚不過了。我們自己的自由意志，決定了我們會去天堂，還是地獄。

史威登堡說：

「我從靈界的體驗中學到了神創造的根本原理。雖然人死後一切的謎都會解開，但有智慧者應該在生前就體認到，並運用在人世的生活。」

在自己的內心打造天堂

蓮花綻放在污濁的泥地，難道就會沾染污濁？花瓣上的朝露猶如水晶般晶瑩潔淨。蓮花從污水裡面長出，難道就會散發腥臭的氣味？它不但姿態優美，還會散發出清雅的芬芳。看到出污泥而不染的蓮花，就讓人更堅信，在污濁的社會環境中一樣可以產生出蓮花般的天堂候選人。

想想看，你現在有在自己的內心打造出天堂嗎？

基於史威登堡提供的靈界原則，我們提供了以下的各項問題。花點時間一項一項思考，並且試著問問看自己：

一、我認同神嗎？我能說自己愛神嗎？

二、我像愛自己的身體一樣愛人嗎？我能將別人的快樂當作自己的快樂嗎？

三、我認同自己的良心嗎？我有按照良心來生活嗎？

四、我的心像秋季天空一樣清朗澄澈嗎？我能不能寬恕自己的仇敵？

五、我在家中是以愛來對待我的丈夫或妻子嗎？

六、在危急時，我能為我所愛的人或國家獻出生命嗎？

七、我能凡事感謝，並不斷保持內心的平靜和諧嗎？

如果你對以上七個問題的回答都是肯定的，那你已經在內心中打造出天堂了。你正走在通向天堂的路上。

接下來，再想想與上面相反的七個問題：

一、我是不是否認神？如果是，那我真正最崇拜的、最認同的是什麼？我的神是誰？是科學嗎？知識嗎？權力嗎？金錢嗎？名聲嗎？

二、我進行一切事情的動機是「自私自利、自我中心式的愛」嗎？我是不是嫉妒別人的成功？

三、在我自己能得到利益，又不會受法律處罰的情況下，我會不會爲所欲爲？

四、我怨恨誰、詛咒誰、想向誰報復？

五、我是否不將任何有可能傷害到人的性行爲當作一種罪？

六、對我自己本身沒有好處的事情，我是不是一概不想參與？

七、我心中是否充滿抱怨與不平？發生在我身上那些不好的事，我是否全都歸咎到別人的頭上？

如果你對以上七個問題回答都是肯定的，那你已經在自己的心中打造出地獄了。不過既然現在已經知道了，你就有辦法可以改變它。這就叫悔改、重生。

如果坦承地反省並回答上面這十四個問題，你會很清楚自己到底在內心中打造出的是天堂，還是地獄。

知識就是力量。知道這些，就是對你自己的人格進行革命的全新出發點。

史威登堡的六項勸告

以下的六項勸告，是史威登堡在他的靈界著述中不斷重複強調的大原則，也是史威登堡贈送給世人的永生祕密、走向天堂的方法。

一、愛造物主、愛神

相信神、愛神是走向天堂的第一個大原則。所謂愛神，並不是指徹夜禱告、讀經、整天祈求神的寬恕。看到這樣的現象，史威登堡說：這跟拚命喝補藥想要長壽的人也沒什麼兩樣……

所謂相信神、愛神，其實是把神當作跟自己的父親一樣親近。無論自己做什麼，都時時想著要侍奉自己內心的神，在喜悅中生活著。不是提供衣食給自己的父母就算盡了孝道，更重要的是去了解父母想要的是什麼，並去完成他們的心意。愛神也是一樣的道理，要懂得神的心意，並幫忙完成。神的心意，就是讓人世也變成天堂。

二、像愛自己的身體一樣愛人

「愛人」是指行動式的愛，是指實際去實踐愛。沒有去實踐對他人的愛，信仰就等於交白卷一樣。這樣的愛也是從離自己最近的地方開始。首先就是要去愛自己的家人、愛自己的丈夫或妻子、愛自己的孩子、愛自己的父母。不過如果愛就到此處爲止，那也只不過是範圍稍微擴大了的自我中心之愛而已。之所以提醒大家愛家人，是因爲如果連家人都沒辦法愛、家庭中一直無法維持和諧，那麼說自己愛人類很可能只是一種僞善。

人們要與家人一起去實踐愛人。全家人要一起去實踐「像愛自己的身體一樣愛人」。這裡所說的人就是指全人類，指你有緣見到聽說到得知到的所有人。從住在自己附近的人開始，到自己所屬的學校、教會等宗教組織、地區、社會、國家、全世界人類都是。

對此，史威登堡也作出了一個警告，「愛人」並不是碰巧遇到任何人就隨意地付出愛。社會上其實有善也有惡，將刀交給強盜並不是一種善。愛人最終的目的也必須是善的。所以愛必須先分辨善惡之後才去付出。

「一個人的快樂，就是眾人的快樂；而眾人的快樂，也就是一個人的快樂！」

這就是愛人的大原則。父母親看到孩子順利成功，就跟自己順利成功一樣高興。自己的兄弟姊妹、好友、愛人碰上了什麼好事，有了什麼樣的成就，自己都會跟著一起高興，這才是愛人如己，是最極致的愛。換句話說，要去感覺所有的人就是自己的妻子、自己的丈夫、自己的孩子，將自己愛的範圍不斷擴大。

終極的目標是「你就是我、我就是你；我的喜悅就是你的喜悅，而你的喜悅也就是我的喜悅；你的痛苦就是我的痛苦」這種無私無我的愛。

世上的幾乎所有高等宗教都傳揚著這樣的大愛。到了最高的境界，就是為人付出生命也在所不惜。

三、在做的每件事上都持守著良心

在世界偏遠的各個角落，還有很多並未接觸到現代文明的人。史威登堡很明確地說，這些人不知道神的福音並不是他們自己的責任。到天堂去一看，卻有相當多這樣的人進入了天堂。

不管人們生活在怎麼樣的環境，神都爲他們預備了可以進入天堂的路，就是遵照良心行每一件事。良心就是神派到每個人心中的使者、代言人。

此外，世上有很多宗教並沒有直接提到造物主，但以間接的方式教導了人們實踐神的愛。佛教的慈悲與基督教講的博愛，眞有那麼大差別嗎？釋迦教誨的克服世上煩惱的方式，當然也能達到無私無我的境地，都會讓人產生利他的愛心。

天堂絕對不是某個特定宗教的專利。天堂是爲全人類設計的，神爲每個人都公平地賦予了進入天堂的條件。不管神還是基督，都是屬於全人類的。

天堂不會問你是信什麼教，才讓你進去。天堂要求的是對他人的愛，只要那本愛的存摺餘額夠高，就都可以進去。

四、不要去審判他人

人是不能審判人的。對於人去定人的罪這件事，史威登堡收到了明確的啓示。中間靈界階段可以分成第一階段與第二階段，而第二階段就是讓新進的靈魂完全揭露人世生活眞面目的階段。惡靈在那裡就算被看出幾乎一定會下地獄，然而只要他身上還有砂粒般大的善存留著，就不會馬上入地獄，而會被緩刑觀察，直到那細微的善完全消滅時爲止。

善靈也必須要等到自己內在砂粒般大的惡都消滅之後，才能進入天界。這證明了神是完美的善與愛的本體。神之所以不會一視同仁地去審判人類，就是避免善人與惡人一起受害。

就因爲如此，神才叫人不要去審判人。如果要審判人，不該只審判其內心的惡，也應該審判其內心的善。如果善完全成熟，結果就是完全的善、眞理、愛；惡完全成熟，結果就是虛僞、憎恨、報復。

人用什麼辦法才能做到不去審判人？那就是寬恕。不要去記得別人的缺點或做過的錯事。「寬恕」可說是愛的同義詞。《聖經》中教導人們要去愛仇敵，在愛之前必須先有寬恕。天堂人之心，就像秋季天空一樣清澈明亮。那樣的心中除了善良與愛之外，不會有絲毫對他人的怨恨。

追根究柢，進行審判的都是自己。在自己的人世生活終結時，人人會自己審判自己，就是在自己走向靈界的臨終之日。

史威登堡非常強調這一點。身爲慈悲、善良、愛與眞理的本體，神誰也不會去審判。《舊約聖經》中之所以常提到上天、神發威發怒進行審判，是因爲當時有需要將神描繪爲「令人敬畏的萬軍之神」。如果用個人來比喻整個人類的歷史，幾千年前舊約時代的人類，知識文明相當於幼兒與兒童的時期，在這種狀況下，只能讓人類懼怕神，才能保護人類。這就像當小孩玩火而講不聽的時候，就需要用責罵或處罰的方式來對待一樣。

耶穌降世後的新約時代，神是以愛的化身形象出現，也可以說是人類文明已經成長到了青年期，適合用這樣的方式來對待了。《新約聖經》中的日月昏暗、星辰墜落，大部分都是心靈上的象徵，而不是指眞正發生的事，也不是世界毀於一旦，然後審判來臨之意。

史威登堡認爲，《聖經》中的記載有文字表面上的意義，以及心靈的意義這兩個層次。世人通常讀的都是字面上的意義，但在天界中卻都是去讀心靈層次上的意義。史威登堡在《天堂的祕義》這本書中，試圖去將《舊約聖經》的心靈意義都解釋出來，其中一個很重要的訊息是，讓人進入天界的美德就是愛與寬恕。

對於這樣的寬恕，佛教中也有非常深刻的教誨。

《圓覺經》中有以下的記載。這樣的教誨，就算只是用常識來想，也很容易理解：

> 怎麼能將仇敵當作你的父母般來侍奉！怎麼想都是不可能的。

這話裡面包含有佛教深奧的義理。很多時候，我們所謂的寬恕都是帶著「我是對的，你是錯的。正確的我，決定不去追究犯錯的你」的態度，但這其實是從根本上無視於對方。佛教的基本教義中，包含「一切眾生皆有佛性」這一點。無論是已開悟的佛，還是犯下重罪的地獄眾生，本性都是一樣的。

五、能犧牲自己生命的愛，就是愛的極致

〈約翰福音〉十五章十三節寫到：「人為朋友捨命，人的愛心沒有比這個大

的。」從這裡可以看出，最大的大愛就是奉獻出生命。

沒有比這更能體現出愛神、愛人的行爲了。當國家遇到危機時挺身而出、犧牲生命是愛國的極致，這即使到了天堂也會受到極高的評價。因爲神建立的天堂是人類永遠的祖國，這樣的愛國心也可以發揮在爲天堂做出貢獻上。

「愛人」的對象越大，通常也就越有價值。對家庭的愛比對個人的愛更有價值，同樣地，對社會的愛比起對家庭的愛、對民族的愛比起對社會的愛、對國家的愛比起對民族的愛、對世界的愛比起對國家的愛，都是更有價值的。

相愛的夫婦如果看到對方受苦，會很希望自己能代替對方。妻子落入水中，則丈夫可能爲了愛而跳下水去救。父母對孩子也會發揮極致的愛。這是崇高純粹的神聖之愛。如果去愛比自己更大的對象，例如愛社會、愛國家、愛世界能夠愛到犧牲自己的生命，那就會被稱爲殉職、殉教、殉國甚至殉世。

世人爲了頌揚這崇高的愛，會爲這些人立銅像。但比銅像更驚人的報償，就是天堂的喜悅。

六、確認自己內心是否有真正的平靜和諧

只有相信的時候，眞正的內心平靜才會降臨。眞正的內心平靜，只有在不懼怕死亡的時候才會到來。只有當人們都守護著自己的純潔、付出愛時，這樣的平靜和諧才會在世上傳開，才能享有更多的和平。了解眞相、眞理時，才會獲得眞正的平靜。

有著三重身體障礙的海倫·凱勒透過閱讀與相信史威登堡的靈界著述，不再懼怕死亡，找到了眞正的內心平靜。希望我們所有人也都能尋找到這樣的平靜。

後記

走向天堂的捷徑

以下直接引用史威登堡對永生的描述：

天堂中的人毫不停息地朝青春之路前進著。度過幾千年歲月後，他們越活越年輕，而且還會永遠持續下去。他們的幸福感會隨著愛與信心的進步而不斷增加、豐富。

有位在人世活非常長壽的老婆婆，在世時對神的信仰非常堅定，對鄰人也很慈愛，與丈夫過著相愛的幸福生活，最終進了天堂。這位婆婆在天堂中越活越青春，恢復了美貌，時間過得越久，就越展現出凡人無法想像的極致之美。

「愛人」這種善良之心，就是還原青春美麗最大的動力。（引自《天堂與地獄》第四十二章四一四節）

很多人剛看這書時，應該都會心生狐疑，頻頻問自己：「眞有這種事？」但看完後，大腦與內心應該都會發生了一些變化才對。

史威登堡預言了看他書的人可能會有以下的三種反應：

一、多獲取一種資訊的角度來看，很輕鬆地享受讀書樂趣。

二、認為「完全都是胡說八道」！而從頭批判嘲笑到尾。

三、從開始讀第一頁起就被某種神祕的力量所吸引，隱隱然感覺到這本書傳遞的不是知識，而是跟自己的生命息息相關，一行行都烙印在自己的靈魂中，產生出找到眞理的喜悅與感動，讀了一遍又一遍。

各位的反應是哪一種呢？

史威登堡之所以被很多人認為偉大，是因為他的陳述擁有非凡的價值。這些內容是人人都需要的，因為世人最終都會一死。

流著血汗辛勤工作的人看到這本書就可以知道，在追求人世幸福的同時，還有另一種層次更高的幸福，而想要將這些道理與所愛的家人親朋分享。

變化是看不到的。其實眞正重要的變化會發生在內心，這樣的變化是漸進式的，且的的確確會發生。如果是躺在安寧病房的患者讀了這本書，內心中應該可以得到超越想像的平靜與喜悅吧。希望會在內心萌芽，讓他不再懼怕。

史威登堡曾是個科學家。他用研究科學的態度系統性地研究靈界，所以跟一般通靈者偶然體驗了一兩次靈界就寫下的內容完全不同。他用科學家的眼光與頭腦，全面分析了靈界，前後長達二十七年。

史威登堡的記錄之所以珍貴，因爲他是親身體驗，從中獲得的體悟非常有價值。史威登堡對人類最大的貢獻，就是讓人相信死亡並不是人生的終結，死後還有更爲眞實的人生。史威登堡幫助了許多人解除死亡的恐懼，也幫忙平息了許多人人生中最大的苦惱。

史威登堡試圖讓大家看到耶穌、穆罕默德、佛陀等精神領袖提到的天堂或極樂世界並非想像，而是比人界更清楚鮮明的現實世界。這不只是基督教，也是各大宗教經典想告訴我們的道理。

海倫·凱勒在她著名的《我的信仰》一書中提到：「讀了史威登堡的書，就完全解除了我對死亡的恐懼。」從那天起，她的人生就更幸福、更有價値，更能全力爲人類作出貢獻，最後就眞能到天堂。

史威登堡的另一項重要貢獻，是讓人領悟眞理，然後在人世實現。他力圖說明獲得永生的道路不在天上而在人世，天上的眞理要被實踐在人世才行。天堂應該是人生最大的目標，但獲取進入天堂榮耀的競技場卻是在人世。過著健全而充滿愛的人世生活，就是走向天堂的明確道路。

史威登堡說，神是全人類的神，而救世主也是全人類的救世主。史威登堡也說，沒有人是生來就註定要進入地獄的。他不希望將人弄成厭世悲觀者，或者上山修道排斥俗世者；他希望的是人們能腳踏實地，在人間過著健全的社會生活，這才是走向天堂的捷徑。

他認爲健全的社會生活有三大要素，分別是健全的公民生活、道德生活與靈性生活，這幾種生活間必須要取得平衡。越是同時流淌著善與惡的社會江河，越是能給人通向天堂訓練的道場。不要試圖避開俗世的風波，要以迎戰的精神去努力經營生活才是。

在整理史威登堡的著作、編寫這本書的過程中，我們的目的只有一個，就是將史威登堡帶來的禮物分享給大眾。希望人們接觸到史威登堡的靈界著述之後，能更相信自己的信仰與信念是正確的，並能過著更有價值、更喜悅幸福的人生。也希望有宗教信仰與沒有宗教信仰的人都能從中得到感動與希望。

我們相信，特別是還純眞無瑕的兒童，以及感受性特別敏銳的青少年，如果能接觸到這本書，心性上應該能起一些好的變化。希望他們有所領悟，從此能實踐對他人付出愛的良善人生，更不要去犯下自殺這種不負責任且會爲自己帶來巨大痛苦的行爲。

從這些角度來看，若能將史威登堡送給我們的偉大禮物傳遞給自己所愛的親人、子女、鄰人看，應該比世上任何其他的禮物都更有價值。就算這本書只救出一個陷入幽暗深淵的靈魂，就已經貢獻良多了……

The Eurasian Publishing Group
圓神出版事業機構
用心與你對話・視野無限寬廣
方智出版社
Fine Press

http://www.booklife.com.tw reader@mail.eurasian.com.tw

方智叢書 191

通行靈界的科學家——史威登堡獻給世人最偉大的禮物

編　　著／史威登堡研究會
譯　　者／王中寧
發 行 人／簡志忠
出 版 者／方智出版社股份有限公司
地　　址／台北市南京東路四段50號6樓之1
電　　話／（02）2579-6600・2579-8800・2570-3939
傳　　真／（02）2579-0338・2577-3220・2570-3636
郵撥帳號／13633081　方智出版社股份有限公司
總 編 輯／陳秋月
資深主編／賴良珠
責任編輯／黃暐勝
美術編輯／劉鳳剛
行銷企畫／吳幸芳・陳姵蒨
印務統籌／林永潔
監　　印／高榮祥
校　　對／賴良珠
排　　版／陳采淇
經 銷 商／叩應股份有限公司
法律顧問／圓神出版事業機構法律顧問　蕭雄淋律師
印　　刷／祥峰印刷廠
2010年4月　初版
2024年4月　38刷

定價 260 元　ISBN 978-986-175-190-0　

◎本書如有缺頁、破損、裝訂錯誤，請寄回本公司調換
Printed in Taiwan

你本來就應該得到生命所必須給你的一切美好！
祕密，就是過去、現在和未來的一切解答。

——《The Secret 祕密》

國家圖書館出版品預行編目資料

通行靈界的科學家：史威登堡獻給世人最偉大的禮物／史威登堡研究會編著；王中寧 譯；
-- 初版 -- 臺北市：方智，2010.04
240 面；14.8×20.8公分 --（方智叢書；191）
ISBN 978-986-175-190-0（平裝）
1. 靈界
215.7 99002675